BIAGIO PACE

TEMBIEN

NOTE DI UN LEGIONARIO DELLA
"28 OTTOBRE" IN AFRICA ORIENTALE

Ai miei figli Salvatore e Carlo
perché custodiscano la poesia di questa guerra d'impero

ISBN: 978-88-9327-2124   1st edition: febbraio 2017

Title **TEMBIEN** - Note di un Legionario della "28 Ottobre" in Africa orientale (ISE-007)
By Biagio Pace

Editor: SOLDIERSHOP PUBLISHING. Cover & Art Design: L. S. Cristini.

Prima edizione a cura di Associazione Italia Storica

INDICE

BIAGIO PACE E TEMBIEN

DI PIERLUIGI ROMEO DI COLLOREDO MELS

Per comprendere l'importanza di un saggio come *Tembien* non si può prescindere dalla formazione culturale del Pace.

Biagio Pace, professore universitario a Palermo, a Pisa, a Napoli ed a Roma e deputato, combatté in Africa Orientale come Seniore della M.V.S.N., comandante di una compagnia mitraglieri, e in tale veste partecipò alla difesa di passo Uarieu, legandosi con una forte amicizia con Filippo Tommaso Marinetti, inquadrato nello stesso reparto. Strana centuria, comandata da un professore di archeologia e di cui faceva parte un poeta ed accademico d'Italia!

Biagio Pace nacque a Comiso il 13 novembre del 1889.

Conseguita la maturità classica, si iscrisse alla Facoltà di Lettere presso l'Università di Palermo, dove si laureò nel 1912.

L'anno successivo si iscrisse alla Scuola Archeologica Italiana di Atene, che frequentò per due anni.

Volontario di guerra, seguendo le proprie idee nazionaliste, prestò servizio come ufficiale di complemento sul Carso.

Nel 1917 Pace conseguì la Libera Docenza in Archeologia e subito dopo fu nominato docente incaricato di Archeologia presso l'Università di Palermo.

Nel 1922 si iscrisse al Partito Nazionale Fascista, e l'anno successivo entrò nella neonata Milizia Volontaria per la Sicurezza Nazionale.

Fu docente di Archeologia e Storia dell'Arte antica greca e romana prima presso l'Università di Pisa (1927-1930) e poi presso l'Ateneo di Napoli (1931-1935), dove dal 1932 al 1935 fu anche Preside della Facoltà di Lettere.

A partire dal 1936, rientrato dall'Africa, fu titolare di cattedra di Topografia dell'Italia antica presso l'Ateneo romano della Sapienza.

Nel 1924 venne eletto deputato al Parlamento per il Partito Nazionale Fascista, e mantenne questa carica sino al 1943. Fu Presidente della Commissione Legislativa per l'Educazione Nazionale e in tale periodo si interessò affinché a Comiso venisse istituito il Liceo Classico; ciò avvenne nel 1936.

Dopo aver aderito alla Repubblica Sociale Italiana, nel 1946 partecipò a Roma alla fondazione del Movimento Sociale Italiano. Nel 1947 venne eletto nella giunta esecutiva del partito.

Il professor Biagio Pace morì nel suo paese natale, Comiso, il 28 settembre 1955.

Pace fu il massimo studioso della Sicilia antica, cui si devono gli scavi di Kamares, Selinunte, Mozia e della villa di Piazza Armerina.

Della sua opera scientifica ricordiamo tra gli altri, *Camarina. Topografia, storia, archeologia*, Catania 1927; *Arte e civiltà della Sicilia Antica*, Città di Castello 1938; *Introduzione all'archeologia*, Milano 1947; *L'architettura in Sicilia. Periodo preistorico e periodo greco*, Palermo 1955; *I mosaici di Piazza Armerina*, Roma 1955. Il Pace, tra l'altro, diede un grande contributo alla conoscenza della Sicilia barbarica e bizantina. Si aggiungano gli importantissimi scavi nell'Anatolia occidentale, da lui pubblicati in *Dalla pianura di Adalia alla valle del Meandro*, Milano, Alpes, 1927, di notevole importanza anche politica, nel momento in cui l'Italia cercava ancora la soddisfazione delle promesse fatte dagli Alleati nella Grande Guerra circa l'espansione italiana in quei luoghi, di cui l'esplorazione archeologica sarebbe dovuta essere prodromo e giustificazione storica.

Ma fondamentale fu la spedizione archeologica del 1930 nel Tibesti libico, che, sulla base della testimonianza erodotea, riportò alla luce le tracce dei garamanti e delle loro vie dei carri che collegavano il sahel con il Mediterraneo, spedizione, tra l'altro, condotta in un periodo pericolosissimo, mentre, governatore Badoglio, il generale Graziani stava piegando, con metodi sovente brutali, la rivolta senussita in Cirenaica.

Questo per quanto riguarda lo studioso e l'uomo politico, la cui identità è inscindibile da quella del militare e dello scrittore.

Pace arriva al fascismo dall'esperienza nazionalista, è uomo di tradizione risorgimentale, già prima dell'adesione al P.N.F. alieno dalle fumose utopie internazionaliste e ireniste, fossero cattoliche socialiste od anarcoidi che segnarono (e segnano ancor oggi, soprattutto nella visione storiografica dominante) le forze che si erano mostrate ostili al processo unitario ed all'idea stessa di nazione. Percorso umano, civile e politico che culminò, nel secondo dopoguerra, nell'adesione del Pace al Movimento Sociale Italiano.

Un percorso analogo a quello di studiosi di eccelso livello, quali Lorenzo Paribeni, Amedeo Maiuri, Luigi Ugolini o Goffredo Coppola e Pericle Ducati, i quali due pagarono con la vita le loro scelte, il primo sul lungolago di Dongo il secondo in un attentato gappista tanto crudele quanto inutile.

Pace vive nella Storia: come archeologo, come studioso, e quindi, come soldato e volontario la fa; e la scrive.

Ritiene suo dovere di cittadino servire la Patria in armi, come l'oplita serviva la propria poliV nel momento del bisogno, per tornare poi alle proprie occupazioni, come Socrate a Delo.

Tembien non si può comprendere appieno se non si richiamano alla mente Erodoto e, soprattutto, Tucidide e Polibio.

Da studioso dell'antichità greca Pace fa propri i modelli storiografici su cui s'è formato. E come Tucidide, avrebbe potuto affermare a ragione:

I fatti concreti degli avvenimenti di guerra non ho considerato opportuno raccontarli informandomi dal primo che capitava, né come pareva a me, ma ho raccontato quelli a cui io stesso fui presente e su ciascuno dei quali mi informai dagli altri con la maggiore esattezza possibile [...]

La mancanza del favoloso in questi fatti li farà apparire, forse, meno piacevoli all'ascolto, ma se quelli che vorranno investigare la realtà degli avvenimenti passati e di quelli futuri (i quali, secondo il carattere dell'uomo, saranno uguali o simili a questi), considereranno utile la mia opera, tanto basta. Essa è un possesso che vale per l'eternità più che un pezzo di bravura da essere ascoltato momentaneamente[1].

Il lavoro di Pace è in questo senso unico: riporta dati, notizie geografiche ed etnografiche, interrogatori di prigionieri, testimonianze, spesso con una mancanza di retorica veramente stupefacente, non tanto e non solo per il momento e per l'epoca – di retorica di segno opposto grondano, per dire, i lavori di Angelo del Boca e dei suoi epigoni minori – ma anche data l'obiettiva realtà raccontata.

Oggi è sin troppo facile sottolineare la sproporzione dell'armamento italiano ed etiopico, anche se ciò è quantomeno discutibile: sebbene di numero inferiore, le armi moderne in dotazione alle truppe negussite erano di qualità pari o superiore a quelle italiane.

La Guardia imperiale (Kebur Zebagnà) aveva un armamento decisamente più moderno non solo delle truppe eritree che si trovò di fronte – e da cui fu battuta – nella battaglia di Mai Ceu, ma anche delle corrispondenti grandi unità metropolitane: la Guardia disponeva di pezzi d'artiglieria *Schneider* da 75 mm, cannoni antiaerei *Oerlikon* da 37 mm, di mitragliatrici *Hotchkiss* e *Skoda* e di cannoni anticarro *PAK 35/36* da 3.7 cm, ceduti dalla Germania insieme ai fucili *Mauser K 98*[2].

Ad ogni modo, la superiorità dell'armamento degli eserciti coloniali sugli *indigeni* era sempre stata una costante delle *little wars* del XIX e XX secolo, icasticamente riassunta dal Hilaire Belloc, a proposito dell'esercito di Sua Maestà britannica:

La questione è molto semplice.

Noi avevamo le mitragliatrici, e loro no.

Il che, va detto, non aveva impedito agli europei di farsi tagliare a pezzi tanto gloriosamente a Kabul, ad Islandwana, a Colenso e ad Adua.

Del resto gli Etiopi – ad Adua, e soprattutto, nel 1935 – erano certo armati ben diversamente dagli Ashanti, dai Pathani o dagli Zulu che pure tanti problemi avevano dato agli inglesi.

---

1   Tucidide, I, 22,2-3. Trad. di C. Moreschini.

2   Nell'estate del 1935 Hitler, nel quadro di due transazioni riservatissime, aveva fornito al governo del negus materiale bellico per un valore di circa quattro milioni di marchi, tra cui trenta cannoni anticarro.La Germania continuò a fornire armi ed armi all'Etiopia anche dopo l'inizio delle ostilità, come dichiarò lo stesso negus Haile Selassiè in un'intervista rilasciata al quotidiano parigino *Le Figaro* del 26 marzo 1959 (P. Romeo di Colloredo, *I Pilastri del Romano Impero*, Genova 2009, p. 209 n.373).

Né al contrario di ciò che si dice comunemente gli italiani avevano, soprattutto nel Tembien, una superiorità di mezzi tali da permettere di travolgere le molto più numerose forze abissine.

Come ricorda Pace, la marcia nel Tembien, in un ambiente di cui scrisse Paolo Caccia Dominioni che *l'andamento orografico è così follemente caotico e imprevedibile da far pensare che il suo creatore, anziché nostro Signore nella sua infinita bontà e sapienza, sia stato un demonio nella peggior fase della sua più tremenda sbornia* l'avanzata venne fatta a piedi, senza viveri e, soprattutto, senz'acqua, con i rifornimenti aviolanciati, perché l'intendenza non riusciva a seguire le truppe in un terreno montuoso tanto difficile e privo di strade; altrove ho citato il diario del centurione Romolo Galassi:

Mai Meridà[3], 4 gennaio 1936.

Quello che ieri ho vissuto, sofferto, con l'angoscia che mi serrava il cuore, con la fatica che mi martellava le tempie, con la sete che mi inaridiva la gola, non si può descrivere, non si può neppure tentare di fissarlo. Pochi potranno dimenticare, anche se il tempo affievolirà il ricordo, smorzerà le reazioni, giustificherà tante cose.

La bella, la superba, la ferrea *28 Ottobre*, sfinita, trascinantesi di balza in balza senza più ordine, senza volontà, ansimante per l'erta di Enda Mic[h]ael in un disordine che assumeva di ora in ora un crescendo che angosciava, prostrata dalla fatica, dalla sete e dal caldo.

I reparti si allungavano, uomini cadevano a terra senza più respiro, si perdevano.

Muli cadevano di schianto, senza più rialzarsi, fulminati. E la ricerca disperata dell'acqua. Il fango filtrato attraverso i fazzoletti nelle gole arse, raccolto nelle forre, sfidando le fucilate abissine che abbattevano senza pietà gli isolati che disperatamente cercavano di rincorrere i reparti allontanatisi nella polvere, nel caldo[4].

Si aggiunga il fatto non trascurabile che i mezzi di cui disponevano gli italiani non erano certo migliori di quelli tanto criticati a proposito del 1940, ma al contrario, anche peggiori, risalenti in molti casi alla Grande Guerra, e resi spesso inutilizzabili dal terreno del Tembien: ciò spiega il grande impegno nella realizzazione di piste e strade camionabili che seguiva l'occupazione del territorio, e dà conto anche della stasi operativa tra il dicembre 1935 ed il gennaio del 1936.

Eppure la propaganda anti italiana prima, e la storiografia dominante e *politically correct* arriva a presentare l'Italia come una sorta di Golia che vuole schiacciare il coraggioso Davide etiope, che oppone lunga (e non lo fu) e coraggiosa (e non lo fu sempre) resistenza al fascista invasore, dimenticando la durezza del regime feudale dell'Etiopia del 1935-36, e presentandolo come una sorta di democrazia (!) senza alcuna comprensione della particolarissima struttura feudale che ancora dominava l'impero, malgrado i tentativi innovatori di quel geniale – e crudele – autocrate che fu Haile Selassie, che per molti ras rimaneva sempre e solo l'usurpatore ras Makonnen, rimpicciolendolo alla nano statura di un piccolo borghese socialdemocratico, lui, il Leone di Giuda, una figura degna dei suoi più grandi predecessori, da Teodoro a Johannes allo stesso Menelik.

---

3   Sic per Meretà.
4   Romeo di Colloredo, 2009, p.282.

Voler valutare (e ridurre) l'Etiopia secondo schemi occidentali ed europei secondo i preconcetti della *nigrizia* e dell'anticolonialismo d'accatto è solo un fare violenza alla realtà di una civiltà millenaria ed unica, arretrata e splendida, crudele e capace di slanci spirituali unici nel continente africano.

Il vero volto di quel Paese emerge invece dal lavoro di Pace, attento, come appunto Erodoto o Polibio o Diodoro di Sicilia, non solo ai combattimenti ed alla loro esaltazione, tipica della memorialistica reducistica, ma anche alla descrizione delle genti, delle chiese copte, delle tradizioni locali, da Erodoto del XX secolo. Anzi, da Senofonte, guerriero come il comandante dei mitraglieri di Passo Uarieu, studioso attento alle realtà incontrate in Asia come lo studioso di Kamares.

Solo un diuturno contatto con la cultura classica poteva portare a questo risultato.

Pierluigi Romeo di Colloredo

PREMESSA

Queste note di guerra non sono un diario più o meno rifatto. Scritti di tal genere che non provengano da personaggi di responsabilità storica, non mi sembra presentino interesse alcuno ove non abbiamo puro intento d'arte: ed io quando partivo per l'A.O. ero assai lontano da ogni idea di fare della letteratura, compreso della necessità di dedicarmi solo a quanto mi occorresse per vivere consapevolmente la mia nuova attività. Durante la campagna non ho perciò tratto che qualche appunto per mio personale ricordo. Ma l'aver per tanti mesi vissuto, se pur modestamente, avvenimenti fra i più notevoli della guerra; compiuto con antico ed eclettico amore di viaggiatore osservazioni di varia natura su di un paese noto in modo approssimativo e generico, condiviso appassionatamente gli stati d'animo politici e tecnici del corpo di operazione e avuto qualche contatto con i suoi esponenti maggiori, mi ha suggerito considerazioni di qualche interesse. Onde l'opportunità di esporre la personale testimonianza e le appassionate meditazioni mi si è resa manifesta. Così è nato questo libretto, il quale vuol essere perciò un contributo di informazione storico politico; frammentario, naturalmente, in quanto parziale è stato, benché di una certa vastità e di una indiscutibile importanza, il campo delle mie osservazioni, le quali si riferiscono fra l'altro a due fra le più ardenti battaglie delle cinque sul fronte nord, ma collegato criticamente col quadro generale degli avvenimenti, da cui non si poteva staccare la narrazione di quanto ho più direttamente visto e controllato.

Come il settore della mia esperienza è inserito nell'insieme delle vicende militari e politiche, del pari intorno ad esso si tenta inoltre di dare un quadro del paese in cui gli avvenimenti si sono svolti, nei suoi aspetti storici sociali e ambientali. Ritengo che, benchè sommario e volutamente non sistematico, quel che qui si riferisce intorno al Tembien non sia del tutto inutile. Poco di concreto e di genuino ci offre infatti su questo paese la grama letteratura geografica, la quale fonda le nozioni intorno a molta parte del complesso abissino su di una generalizzazione di notizie vere sì, ma soltanto per talune regioni.

Non è senza timore che ho considerato come questo scritto, vertendo su fatti per il cui giudizio è prepoderante l'elemento militare, potesse venir tacciato di presunzione. Ho vinto nondimeno ogni titubanza, pensando che dopo tutto si tratta di argomenti militari, ma anche storici, onde quello che a me innegabilmente manca di competenza specifica, può essere compensato da quel metodo storico e critico che mi appartiene professionalmente e che per contro potrebbe far difetto a persone di alta capacità tecnica. Reputo perciò che la mia narrazione abbia pieno diritto di cittananza, anche senza contare il grado di serenità che mi è stato facile raggiungere nei giudizi; appunto perchè estraneo all'ambiente e lontano dai suoi interessi individuali e carrieristici.

La passione per avvenimenti che rappresentano pagine fra le più vibranti della mia vita, non ha potuto turbare infatti quell'abito mentale di obíet, tività che mi accompagna in lavori relativi ad uomini e vicende di altri tempi. Nè lo ha turbato l'attaccamento alle CC.NN. ed alla mia unità. Io non credo infatti che, per mettere in completa luce l'azione di un comandante o d'un reparto, sia necessario deprimere quella degli altri. Ed, italiano e fascista, al cospetto di avvenimenti che riempiono di nuova gloria l'Italia e immortalano nella storia il Fascismo ho potuto agevolmente sollevarmi a considerare le gesta dei miei camerati in funzione di quella più vasta attività unitaria cui appartengono, nella quale esse risaltano meglio che in una parziale anche se non partigiana illustrazione.

La storia non si fa ricercando come sarebbero andate le cose se Tizio o Caio avessero operato diversamente da come hanno operato. I fatti vanno considerati quali sono, non quali sarebbero stati. Per questo qui non sono sottolineate posizioni polemiche ma soltanto lumeggiati fatti concreti, i quali comunque possano esser giudicati e valutati in forma accidentale, non sono stati meno indispensabilmente connessi al risultato, che non poteva essere più positivo e brillante.

Non presumo con ciò di presentare un quadro dei fatti compiuto in ogni suo particolare e al quale col volgere del tempo e l'allontanarsi del panorama storico, di persone e di responsabilità, non sia possibile apportare ulteriore luce. Ma presumo invece di avere esaminato gli avvenimenti e ponderato le considerazioni, in modo che, quando potrà essere utile chiarire qualche dato oggi lasciato in penombra, ciò possa essere fatto senza che per questo debba mutare il giudizio complessivo.

Dedico questo volumetto a Salvatore e Carlo, i miei bambini il cui ricordo ha illuminato nelle ore più aspre la mia vita di guerra, come il loro di, stacco è stato il maggior sacrífizio che mi abbia imposto la mia decisione di volontario. Auguro che Essi, in una vita laboriosa, possano custodire la poesia di questa guerra d'impero che sugella di un ricordo sfavillante il loro primo contatto affettivo e cerebrale con la vita; e che questa poesia operi su di loro, magicamente, come le immagini di quell'altra guerra d'Africa – non fortunata ma non indegna del nome italiano – hanno indiscutibilmente agito alle basi di questa nostra generazione di Mussolini, che reca nel sangue la passione d'oltremare, ed ha vissuto con una spiritualità particolare la guerra di cui ha assunto il peso maggiore e la responsabilità.

Dando l'ultima mano al manoscritto nella calura paterna della campagna siciliana, il mio animo è in questi giorni pervaso dal fascino inesprimibile di un risorgere tumultuoso di lontane impressioni, che si a acciano alla mia elaborazione fantastica con un irresistibile richiamo alle prime aurore osservate, e di esse ripetono l'incertezza scialba tra una luce che si sperde in tenebre e una tenebra sbiancata.

Evocate da pagine di vecchi giornali illustrati, che sono venuto scorrendo, tornano ad aggirarsi in questo cortile, tra i carrubi frondosi che occhieggiano dal muro di cinta, ora come quarant'anni or sono, figure luoghi ombre evanescenti del mio più lontano ricordo. La solida testa occhialuta di Baratieri, Arimondi col pizzo e la sciarpa, ambe e piane del Tigrai e il tricolore dominante l'alto cono murato di Macallè, ras Maconnen e Mangascià cinti di crine leonino, la pingue flaccida regina Taitù e il grugno da scimmione di Menelik.

Vivide figure che animano il mio ricordo di quelle gelide giornate del marzo 1896 in cui un lutto improvviso sembrò fosse piombato nella casa all'annunzio della sconfitta che allora si chiamava di Abba Garima, portato da un signore alto, vestito come un mezzo militare, dall'accento straniero Paolo Orsi che iniziava qui i suoi scavi di Camarina; il Maestro che doveva morire il giorno del nostro ritorno a Macallè e nella cui figura tipica si ricollegano e fondono in remoto ricordo i motivi fondamentali che hanno diretto e resa appassionata la mia attività di studioso e di politico.

Questo fascino inesprimibile delle prime memorie, ha vestito di una nota di sentimento la mia decisione di partecipare alla campagna, presa non appena, sul finire di febbraio 1935, con le prime mobilitazioni parve sicuro che il nostro diritto fosse ormai affidato alle armi, e ritenni che a me corresse obbligo di convalidare con l'azione la lunga e tenace propaganda delle nostre necessità coloniali. E questa nota di sentimento ha accompagnato di una ineffabile dolcezza i mesi della guerra, mano a mano che gli avvenimenti ci riconducevano ai luoghi che furono illuminati dalle gesta di quei nostri lontani predecessori.

Chiamato alle armi col mio grado di seniore della milizia, il 10 luglio presenziavo al gran rapporto tenuto dal Duce nel salone delle Battaglie a palazzo Venezia. Egli ci precisava motivi che oscuramente echeggiavano nelle nostre anime e in Lui venivano – com'è il Suo segreto – cristallinamente chiariti a noi stessi. E delineava quei principi storici e politici essenziali che hanno segnato la campagna: lo sforzo logistico evocato dall'immenso corteo di materiali armi munizioni, automezzi e provviste di ogni sorta che occorrono per vivere ed operare, "quando si pensi che tutto dal fiammifero al cannone si deve spedire dall'Italia"; la necessità dell'addestramento delle unità di CC.NN. "che si preparano a scrivere pagine di storia autentica per l'Italia fascista e che porteranno fuori della patria lo spirito e le idee della Rivoluzione"; il giudizio realistico del guerriero abissino; l'eventualità che la campagna coloniale potesse avere fatali sviluppi con una più vasta conflagrazione che non desideriamo ma non temiamo; la ineluttabilità di non lasciar trascorrere l'ora decisiva che scocca soltanto una volta nel quadrante della storia; e quella prudente profezia "vi dico subito che la guerra che vi attende può durare pochi mesi come pochi anni; quello che importa è vincere e vincerete".

Dopo un periodo di addestramento trascorso con la 5ª Divisione "1° Febbraio" a Caserta ed a Capua, venivo assegnato alla 2ª Divisione CC.NN. intitolata al giorno della Rivoluzione, che nel nome aveva veramente, come incitava il Duce, ogni suo comandamento di "marciare travolgendo ogni ostacolo fino alla meta indicata".

Imbarcatomi a Napoli il 19 ottobre, il 30 ero già – dopo qualche ora di Fermata ad Asmara – al quartiere generale del I corpo d'armata, e l'indomani mattina raggiungevo la mia divisione nelle posizioni di Edagà Hamus; seuza più distaccarmene la seguivo sino al termine delle operazioni, dapprina su Macallè quindi nel Témbien.

Vorrei saper rappresentare con efficacia la vita della "28 ottobre" nei campi nelle avanzate nei combattimenti dell'aspra campagna. Come in essa si potesse sperimentare quella coesione perfetto tra esercito e milizia fino a mostrare che il problema,

trovati gli uomini, non esista. E vorrei saper ripetere come alta schietta, inflessibile fosse la personalità militare e fascista del comandante, il generale Somma; come coerente e operosa la varia compagine del comando – la solida spiritualità del generale Moscone, la infaticabile e fervida intelligenza del capo di Stato Maggiore T. Col. Bonfatti, la fresca e versatile anima del T. Col. Seghetti – quale splendore di ingegno e nobiltà di passione eroica infine abbia profuso F.T. Marinetti, il più desiderabile camerata di guerra che sia lecito immaginare. Superiori e amici carissimi, il cui ricordo rimarrà fra i più luminosi della mia vita a contrassegnare questo periodo così compiutamente vissuto.

B. P.

Villa del Piombo presso Comiso (Sicilia), agosto 1936 XIV.

Le figure di questo volume sono tratte da fotografie originali favoritemi da camerati combattenti, fra cui mi piace ricordare il Seniore Parenti, il Cent. Lucas, il Ten. Goldoni e soprattutto il Brigadiere dei RR.CC. Silvio Bruni, valente ed appassionato fotografo.

DA ADUA A MACALLE'

UNA LETTERA DI RAS SEJUM

Infausto per quarant'anni, il giorno della battaglia di Adua folgorava questa volta di tutte le luci di una vittoria splendidissima. Il cadere del febbraio bisestile non trovava un sovrano barbaro ma forte alla testa di orde imponentissime pronte a sommergere il piccolo eroico esercito di Baratieri, nè la flaccida bellezza della regina Taitù immersa in preghiere di un cristianesimo deviato, nel santuario di Abbà Garimà. Vedeva per contro, di tre potentissimi eserciti abissini allineati sul fronte nord da un negus pavido ed assente, l'uno ormai distrutto e ricacciato nei suoi miseri avanzi al di là del passo fatale di Alagè, un altro preda agganciata delle nostre forze dell'ala destra, e quello del centro – in cui avevano concentrato il fiore dei loro uomini e dei loro armamenti due potentissimi capi dell'Impero ras Cassà e ras Sejum – dibattersi fra le giogaie dei monti del Tembien fra cui si era forsennatamente cacciato.

La divisione di CC.NN. "28 Ottobre" che dalla data della rivoluzione trionfante aveva tratto in sorte gloriosi privilegi di attività guerriera, poteva celebrare il 1° marzo rastrellando il covo medesimo di quest'esercito, che per due mesi aveva fronteggiato con sanguinoso eroismo ed ora, in intima connessione di sforzi eroici con altri reparti dell'esercito nazionale e coloniale, abbattuto e vinto.

Fra gli avanzi sordidissimi del villaggio di Abbi Addì, insozzato come non mai dalla prolungata presenza degli armati imperiali, emergevano i segni della rotta improvvisa. E fra essi carte e registri del comando abissino; preziosi documenti dai quali – come dalle narrazioni dei sottocapi venuti in seguito a sottomettersi, e degli abitanti che erano stati attori e testimoni della guerra – doveva emergere, con la conoscenza di come fossero visti e vissuti gli avvenimenti nel campo nemico, una viva e sostanziale visione della breve ma tenacissima lotta.

Un vistoso timbro impresso in volgare violetto d'anilina richiamava l'attenzione su di un gran foglio intestato a stampa: *S.A.R. ras Sejum Menguescià,* che sarebbe la maniera francese di rendere in lettere latine il nome paterno di Mangascià. E non passava molto che la fitta scrittura che lo ricopriva veniva decifrata. In una divisione di CC.NN. in cui, come cantò uno stornellatore toscano, si trovava il futurismo con l'archeologia – ed in quale profondo inalterabile accordo nel nome della immortale bellezza della Patria fascista – c'è di tutto, dal perito minerario al conoscitore di lingua amarica; questo nella persona di un valoroso ufficiale dei carabinieri alunno dell'Istituto orientale di Napoli, il capitano Carobene.

Scriveva adunque il 21 ottobre del 1931, nelle prime settimane della guerra, ras Sejum – capo del Tigrai occidentale che sarebbe la regione di Adua con lo Scirè ed il Tembien – al cognato ras Cassà, comandante in capo degli eserciti avviati dal negus verso la frontiera nord, giunto in quel momento verso l'Ascianghi:

Giunga a S.A.R. ras Cassà comandante supremo.

Come ha passato questi giorni?

Io per grazia di Dio sto bene.

1° – Ho ricevuto la lettera del 28 Meskeren (2 ottobre) e quella del 10 Tequit (20 ottobre). Per quello che mi chiede comunico a V. A. che gli aeroplani avevano fatto spaventare le persone ma le perdite sono lievi.

2° – Il degiac Hailù Kebbedè ed il degiac Uorchenè fino ad ora non si sono incontrati con me. Il degiac Hailesellassiè Gugsà ha tradito la nostra religione ed il 27 Meskeren (7 ottobre) è andato dagli italiani. I soldati di ras Gugsà avendo detto che non tradivano il nostro governo, sono andati dal degiac Hailù Kebbedè e per ordine di S. M. l'Imperatore questi li ha passati alla dipendenza del degiac Teferè. Sono entrati a Macallè per fare propaganda verso la popolazione dell'Hamasten (Eritrea). E stato fatto il bando per il traditore Hailesellassiè Gugsà ed un armato di Hailù Kebbedè mi ha portato l'ordine del bando, perchè lo possa far sapere dappertutto.

La rottura della linea telefonica è opera di Hailesellassiè Gugsà.

3° – V. A. voleva conoscere i morti ed i feriti avuti in combattimento e la forza presente. Non ho potuto sapere il numero dei morti e dei feriti perchè prima d'ora siamo stati impegnati separatamente. Neanche i capi e sottocapi si sono ancora incontrati con me.

4° – Io e la uizerò Atzedem adesso ci troviamo nel territorio del Tembien. La lettera che V. A. ha inviato per la uizerò Atzedem gliela ho inviata nel posto in cui si trova.

Gli italiani hanno occupato Adua, Axum e Adigrat e nei posti in cui si trovano, sulle ambe e sui passi, costruiscono fortini e siepi.

Stanno facendo strade tanto che giungono camions.

Se gli Agamè non hanno combattuto l'ordine è stato dato da Hailesellassiè Gugsà, quindi l'entrata degli italiani fa molto dispiacere. Il degiac Haileselassiè è tornato ad Adigrat da Asmara il 6 Tequit (16 ottobre).

5° – Gli italiani hanno occupato i paesi senza che io spargessi il mio sangue andando coni miei soldati come i miei padri, perchè S.M. l'imperatore mi aveva ordinato di non attaccare prima che egli venisse e senza farglielo conoscere. Per rispettare gli ordini ed i consigli ho abbandonato la mia città senza parlare.

Non darò piena battaglia senza prima incontrarmi e consigliarmi con V.A.; però se lascio loro (gli italiani), essi non mi lasciano e mi cercano dove mi trovano.

Quello che è stato nel passato è stato, ora è meglio serrare avanti. È necessario per adesso scendere nella piana oltre l'Uerì, occupare i passi più importanti e rinforzare ogni posto; ma è indispensabile che giunga da noi immediatamente una parte dell'esercito. Ciò non soltanto per la popolazione del Tigrai, ma anche per le persone dell'Hamasien, le quali così facendo sono costrette a venire da noi.

Quantunque noi non abbiamo fatto una grande battaglia ed il degiac Hailesellassiè abbia tradito, gli ascari eritrei senza perdere la speranza disertando continuamente con le armi e le mitragliatrici fino ad ora vengono (!). Perciò non sta bene perdere la nostra fortuna. Il Tigrai di fronte non resiste, quindi sarebbe bene a mio parere se fosse rinforzato di fianco con un grosso esercito.

6° – Gli italiani fanno strage dei feriti che trovano; ma non solo dei feriti, anche di quelli che hanno partecipato alla battaglia.

7° – Quelli che vanno da loro fin da principio li opprimono con la forza.

Faccio presente questo per farlo conoscere a V.A.

Tequit 11 g. 1928 (21 ottobre 1935).   Ras Sejum

Nel rovescio a grossi caratteri a matita è segnato un principio di risposta. Ras Cassà comincia con l'augurarsi che "il Dio d'Abissinia faccia incontrare il traditore Hailesellassiè Gugsà perchè questi paghi il suo tradimento n e raccomanda ancora a ras Sejum di non accettar battaglia, promettendo di venire a congiungersi con lui e premere insieme dal Tembien sul fianco del Tigrai".

Il singolare documento costituisce una preziosa base per chi voglia interpretare la condotta politica e militare della guerra sul fronte tigrino.

Nonostante parecchi comprensibili accenni tendenziosi – come quelli sulle nostre presunte perdite dei primi giorni e sulle diserzioni degli ascari – esso illumina nei loro aspetti più intimi le prime occupazioni del territorio confinante con la colonia eritrea, la risonanza della sottomissione all'Italia del degiac Hailesellassiè Gugsà e soprattutto le ragioni della scarsa reazione opposta dalle truppe del Tigrai che si trovavano a fronteggiare la nostra avanzata.

Ma vi è anche un primo accenno, ribadito nella risposta del generalissimo, a quella che poteva essere l'azione da svolgere "di fianco". A quella tenace pressione sul Tembien cioè, di cui in queste note si registrano le sanguinose ed eroiche vicende.

OLTRE IL CONFINE

È noto che mentre nella torbida serata del 2 ottobre l'Italia vibrava alla storica parola del Duce e il mondo meditava, anche se non volesse dimostrarlo, le nostre truppe ammassate ai confini della vecchia colonia muovevano verso le province da cui avevano dovuto ripiegare quarant'anni prima.

Nel Tigrai occidentale il II Corpo, attestato al Mareb agli ordini del generale Maravigna, procedendo verso Adua trovava schierati, nella forte e dominante posizione di Darò Taclì apprestata a difesa e nella vicina Amba Sabhat, un migliaio e mezzo di armati dei degiac Gheremedin e Hailù Arajà. Ma superava facilmente la resistenza opposta, sì che poteva pervenire a mezzogiorno del 3 ad Adua, già bombardata dagli aeroplani la mattina del 3 ed evacuata dagli abitanti e dagli armati. Questi abbandonavano al seguito di ras Sejum e della sua famiglia la vecchia capitale, dopo un'ultima azione di disturbo al fianco della divisione avanzante sulla località di Debra Sinnà.

Senza colpo ferire aveva luogo nel contempo l'occupazione della conca di Adigrat predisposta dal generale Santini. La regione appariva priva degli elementi atti alle armi, e i nuclei nemici che erano stati segnalati si ritiravano davanti al procedere delle forze italiane. Notabili e clero con croci baldacchini e bandiere rendevano omaggio; e le donne salutavano dalle porte e dai tetti delle capanne con quel loro caratteristico trillo che doveva accompagnare dovunque l'avanzare delle nostre truppe vittoriose, primo indizio dappertutto della efficace azione esercitata dalla sola presenza di forze preponderanti.

La divisione "28 ottobre" che si trovava da qualche giorno dislocata tra Affesì e Barachit a cavallo della strada verso il confine, rinforzata dal XXV battaglione Eritreo e della banda Scimezana, muove divisa in due colonne. Esse sboccano alle prime ore del mattino del 3 ad Enda Gaber Cocobai ed a punta Bolehtì; da qui per il passo di Mai Toboctò l'una, e Onà Amber l'altra – "aspri sentieri da capre" come dicono i legionari – le due colonne si congiungevano nella zona di Megheb alle 10 del mattino del 4, schierandosi a cavallo di quel paese per procedere all'azione avvolgente nella conca Adigrat. Intanto sulla destra sboccava la divisione "Sabauda" che aveva proceduto lungo il tracciato rudimentale della mulattiera, per l'ampio pianoro a sud di Ghelebà.

Alle ore 16 di quel giorno una colonna della 114ª legione veniva inviata ad occupare gli avanzi del fortino Prestinari ed innalzarvi la bandiera italiana, mentre una compagnia della stessa legione, con il comandante della divisione generale Somma ed il suo stato maggiore, entrava da ovest nell'abitato di Adigrat – folta di piccole bandiere bianche quasi deserta – ricevendo l'omaggio del clero copto dei notabili.

Il mattino del 5 aveva inizio il terzo movimento previsto, l'occupazione del passo di Edagà Hamus, avvenuta senza contrasti e condotta per sbarrare le strade che immettono alla conca di Adigrat da est e da sud est. La divisione "Sabauda" procedeva nel contempo verso occidente e sbarrava gli accessi dal monte Amò.

Il generale Santini aveva la ventura di innalzare la bandiera italiana su quel forte dal quale, giovane sottotenente di Baldissera, aveva visto abbassarla il 18 maggio del 1896. Commozione fra le massime che potevano essere riservate alla vita del valoroso soldato.

Nè ostacolo di terreno nè gravezza perdurante di compito nè peso di età ed impedimenta avevano arrestata la compatta marcia, che le nostre truppe affrontavano con sicura consapevolezza dell'alto dovere da compiere e con il presentimento di iniziare un ciclo storico della vita del Paese. Al centro dello schieramento dalla regione del Belesà avanzavano intanto, a concludere il generale attestamento oltre il confine, gli eritrei e le CC.NN. inquadrate nel corpo d'armata indigeno agli ordini del generale Pirzio Biroli, occupando l'Enticciò. Un combattimento notevole era sostenuto quivi contro truppe di copertura all'Amba Augher. Il favorevole atteggiamento delle popolazioni e dei capi che si manifesta con l'avanzata si accentua ogni giorno più; ben presto culmina nell'arrivo alle linee per sottomersi all'Italia del degiac Hailesellassiè Gugsà.

Preannunziato da un biglietto del nostro telegrafista in Macallè, Antonio Beonicè − è noto che la linea telegrafica Mareb-Scioa era gestita dall'Italia − il quale era stato scelto come tramite e guida, il giovane degiac verso le ore 17 del giorno 10 perveniva agli avamposti della 114ª legione al passo di Edagà Hamus ed era avviato, col piccolo seguito dei suoi consiglieri e sottocapi piú intimi, al comando del corpo d'armata ad Adigrat. Presso gli avanzi ruinosi del fortino Prestinari, in uno scenario di aspre montagne sbiancate sotto la luna splendente, egli la sera stessa faceva atto di sottomissione all'Italia nelle mani del generale Santini. Lo raggiungevano di lí a poco un migliaio circa di suoi armati, con i quali doveva partecipare alle operazioni ulteriori contro quello che veramente poteva essere definito il comune nemico.

LA DINASTIA DEL TEMBIEN

Hailesellassiè capo delle province orientali del l'antico Tigrai è figliuolo di quel ras Gugsà Arajà, che negli ultimi anni della propria vita, gagliardamente osteggiato da moltissimi e irriducibili avversari, era stato in continuo sospetto del negus e per colpa di questi era morto ad Adigrat nel 1933, non avendo potuto ottenere il permesso di recarsi in Europa o anche soltanto nella colonia Eritrea per curarsi.

Come tale il giovane Hailesellassiè va considerato il rappresentante diretto e maggiore di quella famiglia reale del Tembien, fondata nel secolo scorso da un capo locale lo Scium Tembien, Cassà Merecià, il quale col nome di Iohannes IV successe sul trono imperiale di Etiopia nel 1872 al suicida Teodoro, per cadere nel 1889 combattendo contro i Dervisci a Metemmà. Ras Gugsà era infatti figlio naturale, avuto da una donna di Dancalia, di ras Arajà unico figliuolo di re Giovanni. L'altro ramo di questa famiglia − di cui un parentado numerosissimo sussiste in tutto il Tembien é specialmente a Melfà − è invece rappresentato da ras Sejum figliuolo di quel ras Mangascià che con la sua condotta doppia e subdola intorbidò la nostra politica tigrina nel 1894-95. Mangascià non era che nipote di re Giovanni − figliuolo dell'unico fratello Gugsà − ma era stato adottato e designato come erede dall'imperatore morente, del quale si ripete da tutti fosse veramente figlio naturale.

Ras Sejum iniziava la sua attività politica, come il padre, con frequenti e persistenti manifestazioni di amicizia per l'Italia, per soggiacere al momento buono alla suggestione del negus e svelarsi nostro tenace avversario. Non diversamente era avvenuto al padre, per lunghissimi anni apparente se pur ondeggiante amico dell'Italia e fulcro della nostra politica zigrina, ma passato inopinatamente e contro il proprio interesse nell'orbita di Menelik sul cadere del 1894.

Nella sua opera di centralizzazione della autorità imperiale l'ultimo negus Hailesellassiè aveva rimaneggiato le vecchie entità territoriali per indebolire, − là dove non era riuscito a sradicarlo con deportazioni ed uccisioni − il potere delle maggiori famiglie. Aveva spezzato così il igrai in due comandi regionali, affidando l'uno facente capo ad Adua a ras Sejum, l'altro con centro Macallè a ras Gugsà. Nel 1932 dando in moglie al giovane Hailesellassiè figlio di Gugsà la propria figliuola secondogenita uizerò Zennebè Uorchenè, mentre il principe ereditario sposava la uizerò Uolettè Israel, figlia di ras Sejum, il negus aveva inoltre condotto a ondo una sua politica di alleanze matrimoniali coni l'antica famiglia reale del Tembien, ritenendo ciò indispensabile a consolidare da questa parte il discutibile possesso del trono alla propria famiglia. Ma anche in questo mostrava di voler puntare principalmente sulla inevitabile ostilità dei due rami, imparentandosi con ambedue.

La principessa Zennebè moriva poco dopo le nozze a Macallè, il che indeboliva la situazione politica del giovane marito. L'anno seguente, alla morte di ras Gugsà Arajà, il Tigrai orientale cadeva in istato di ribellione. E se nel maggio del '34 Hailesellassiè Gugsà veniva confermato nel comando paterno, questo era diminuito nondimeno di parecchie province, fra cui l'Haramat e il Gheraltà già pertinenti al padre e date invece a ras Sejum, al quale veniva anche assegnato il comando militare dell'intero Tigrai.

Il favorevole atteggiamento del degiac Hailesellassiè Gugsà verso l'Italia, aveva pertanto profonde radici nel rancore verso il negus; ma il giovane capo vedeva anche nel governo italiano – che conosceva da vicino per i frequenti e prolungati contatti avuti con la nostra colonia Eritrea - la sola possibilità di progresso per il regno dei suoi avi. Questa tendenza egli non l'aveva mai nascosta, ed essa lo aveva reso particolarmente sospetto specie a ligg Tellà, losco avventuriero che quale console del governo etiopico ad Asmara negli ultimi anni prima del conflitto vigilava sui rapporti dei capi con l'Italia.

La decisione di degiac Hailesellassiè pare sufficiente a spiegare almeno in massima parte il favore attraverso il quale si compiva l'avanzata nel settore dell'Agamè e quello che doveva accompagnare la nostra marcia a Macallè. Per quanto riguarda Adua la scarsa reazione è stata in genere attribuita all'incerto e non combattivo temperamento di ras Sejum. Si narra in proposito la storiella che la figliuola di questi, nuora come si è detto del negus, abbia acerbamente scritto al padre da Addis Abeba dicendogli che da quando egli era fuggito come una lepre, essa alla corte era trattata come una cagna; e se anche non vengono precisate, sono facilmente supponibili le rampogne da attribuire alla uizerò Atzedem, la seconda moglie assai intrigante e volitiva di Sejum e sorella di ras Cassà.

In realtà la lettera rinvenuta ad Abbi Addì ci documenta, in termini che non sono suscettibili di alcuna critica, che ras Sejum lasciò compiere la nostra avanzata senza vigorose azione disturbanti e senza imbastire, con l'energia e la vastità che sarebbero state nelle sue possibilità, quel brigantaggio militare che avrebbe infastidito e ritardato i nostri movimenti; ma la propria deficienza o se si vuole la propria colpa non va oltre questo. Fu invece il negus a disporre categoricamente che non si combattesse senza suoi precisi ordini. Ras Sejum non difese il territorio avito perchè tali ordini del negus mancarono; e mancarono perchè il cauto imperatore, pur covando veri propositi di invasione – nettamente denunziati dalla frase di Sejum relativa all'attacco da condurre alla presenza del negus medesimo – fu nondimeno sorpreso dalla nostra iniziativa di rompere gli indugi.

Si dice e si ripete da parecchi, che questo ordine del negus di non attaccare, dato e ripetuto a tutti i capi e del quale si è sentito discorrere tante volte ed in tante occasioni durante i primi mesi della campagna, rispondesse ad un alto disegno strategico di provenienza straniera, volto ad attrarre il nostro esercito lontano dalle basi, ove fosse più facile batterlo per difficoltà logistiche e di terreno. In altri termini mirasse ad una delle così dette ritirate strategiche di cui specialmente è ricca la storia degli eserciti sconfitti.

Questo motivo della ritirata lungimirante viene invero ripetuto un po'dappertutto e risuona nelle conversazioni del negus fino alla vigilia degli avvenimenti definitivi di aprile; e l'attrazione lungi dalle basi è certamente un canone strategico di lapalissiano valore. Ma l'abbandono di un vasto e ricco territorio, in una guerra coloniale e abissina per giunta, presenta innumerevoli pericoli – primo fra tutti quello di dar prestigio all'invasore ed avvilire i difensori – che non giova ricordare partitamente. Trattandosi nel caso specifico del Tigrai, va poi considerato che era in giuoco il nucleo storico e religioso dell'impero, quello che ospita l'antichissima città santa di Axum: *si parva licet,* la Roma d'Etiopia.

Il negus del resto nei mesi che precedettero l'apertura delle ostilità, checchè abbia detto in seguito per uso dei suoi sudditi e degli amici di Ginevra, non mostrava affatto di volersi attenere al principio di una qualsiasi ritirata strategica.

Nella zona marginale affluivano in buon numero munizioni; veniva sollecitata, intorno ai piccoli nuclei di soldati regolari dislocati nella provincia, l'istruzione militare degli armati locali a base di evoluzioni in ordine chiuso e sparso all'europea, chiodo e tormento del negus falso riformatore. Si costruiva inoltre qualche muretto o trincea ai passi di confine, sotto la sopraintendenza di un ufficiale del genio dell'esercito di Wrangel al servizio etiopico da 15 anni, il colonnello russo Kanavaloff. Erano infine avviate verso il Tigrai truppe regolari considerevoli per congiungersi con ras Sejum − circa seimila uomini dei degiac Hailù Kebbedè ed Uorchenè, cui accenna anche la lettera or ora ricordata − mentre altre forze assai cospicue erano già in marcia sotto il comando di ras Cassà.

La direttiva del negus di non attaccare senza suo ordine non poteva perciò riferirsi ad una ritirata pura e semplice; ma mirava unicamente ad impedire che le truppe dei Tigrai potessero impegnarsi a fondo e andare incontro a gravi combattimenti con esito sfavorevole − pessimo seme di disgregazione fra le truppe etiopiche − prima che le forze dell'impero fossero sopravvenute in misura corrispondente alla necessità.

Non solo è falso perciò che ras Sejum non abbia combattuto per scarsa capacità e iniziativa personale; ma se egli non potè contrastare validamente la nostra avanzata in attesa di un conveniente numero ai armati, questo ordine di non impegnarsi non derivò affatto da alcuna astuta visione strategica del negus e dei suoi consiglieri.

Ras Sejum fino al 27 settembre, festa del Mascal, banchettava ad Adua con i funzionari del nostro consolato. Al pari dell'imperatore egli evidentemente divideva l'illusione inglese che, non ostante ogni nostro preparativo di guerra per stroncare la periodica minaccia e le nostre dichiarazioni più esplicite, il Duce nulla potesse osare senza avere ottenuto preventivamente il tradizionale "elogio tutorio" del *Foreign Office*. Il nemico era con ogni evidenza sorpreso e sconvolto dalla decisione che gli tornava improvvisa. E solo per questo il meccanismo difensivo, quale che fosse, non veniva posto in moto al nostro sconfinamento e per qualche tempo ancora fin dopo l'occupazione di Macallè.

LA MARCIA SU MACALLE'

Dalle posizioni di Edagà Hamus veniva febbrilmente sistemata la linea di comunicazione a tergo – le prime autocarrette raggiungevano Adigrat, che non aveva mai veduta una ruota, poche ore dopo l'arrivo della truppa – e si procedeva anche alla costruzione di un sistema di difesa campale dell'importante passo. E mentre si compiono delle ricognizioni verso Hausien e ai margini del bassopiano dancalo, in previsione della ripresa del movimento si pone alacremente mano a migliorare la carovaniera verso il sud.

Il 30 - 31 ottobre, la divisione "28 ottobre" attestava nella regione di Mai Uecc; da qui il giorno successivo per facilitare la formazione di marcia prevista si spingeva di qualche chilometro più a sud sotto il gradino di Taclehaimanot. Le CC.NN. si raccolgono nella piana antistante al passo, a sinistra della strada stabilita come direttrice del movimento, sulla cui destra nel pomeriggio del 2 novembre prende posizione la "Sabauda" utilizzando per i suoi mezzi la strada ormai abbozzata.

I reparti della "28 ottobre" proseguono infatti – infaticabilmente diretti dal comandante del genio divisionale maggiore Rossi d'Esparquet – con poderosi lavori di mine e di piccone ad adattare la modesta carovaniera. Il fervore che le camice nere mettono in questa dura fatica è come un aspetto dell'ansia operativa che anima i soldati di Mussolini, i quali vedono nella costruzione delle strade il segno ed il mezzo dell'avanzata cui anelano.

Al di là delle vaste conche dell'Haramat, che le truppe s'apprestano ad attraversare, si delineano con una imprecisione di nuvolaglia al larghissimo cerchio dell'orizzonte, vette e creste, profili capricciosi e nuovi che qualcuno cerca d'identificare sulle sommarie carte. Di una massa quadrangolare e massiccia che sbarra il sud si ripete con approssimazione il nome: Amba Aradam, che più propriamente sarebbe Amba Aradòn; e si dice che segni la direzione di Macallè. Le altre forme di questo oscuro accavallarsi non emergono ancora dal grigiore dell'anonimo, evanescenti nella distanza e prive di una qualsiasi individualità quale soltanto gli eventi storici possono conferire. Non così fra qualche mese quando qui si tornerà in rapido servizio verso le retrovie, o in cerca di cure presso i mirabili ospedali che in questa zona avranno creato la nobilissima anima di Raffaele Paolucci trasferendo tra il 14° e il 13° parallelo la sua clinica bolognese al completo, o Giorgio Chiurco con il suo istituto di Siena. Balzeranno allora nitide ed individuali dal loro immutato grigiore, come vecchie cose care e note, ormai precisate in vicinanza, percorse e conosciute intimamente in giornate indimenticabili di tenace lavoro e di cruda battaglia: punte bicorni del Carnalè e dell'Uork Ambà, infernale sella di Uarieu, acropoli dell'Ambarà, muraglioni frastagliati di Hausien, false dolomiti del Tembien.

Da queste gradinate di Taclehaimanot all'alba del 3 novembre oltre 25.000 uomini seguiti dalle salmerie e dai mezzi meccanici procedono in formazioni aperte speditamente nella piana ondulata. Al principio della marcia le bande irregolari di Hailesellassiè sfilano al centro, lungo la strada, tra le due divisioni spiegate.

A gruppetti intorno ai loro sottocapi a cavallo, seguiti da portatori d'armi e di scudo, passano gli armati, frammisti a donne schiavi e muletti carichi di provviste, lenti, slegati, allungando la colonna in modo inverosimile di parecchi chilometri. Appare da ultimo in coda alla caratteristica formazione tra una folta orda di guerrieri, stretto e circondato da sottocapi ed ufficiali a cavallo, il degiac stesso; precedono alcuni trombettieri che all'altezza dei nostri comandi intonano una marcia od inno sincopato; seguono in gran numero muletti servi ragazzi donne, recanti provviste e munizioni, sedie tappeti padelle pentole, tutto il *confort* dell'accampamento; con uno degli oggetti piú intimi portato sulla testa a modo di elmetto, incede quegli che sarà forse il cameriere di fiducia.

La sera le due divisioni sostano nella bella conca di Addi Baghè, luogo che offre l'opportunità di una fermata protetta ed acqua sufficiente per le truppe e gli animali. Tappa che coincide, come quasi tutte le altre dell'avanzata, con fermate della marcia famosa di lord Robert Napier, in quella sua spedizione contro re Teodoro che nel 1868 diede per prima una qualche conoscenza di questa zona, e per qualche lavoro di fortuna compiuto nell'adattamento della rudimentale carovaniera legò all'itinerario il nome pomposo e immeritato di strada inglese. L'Ammiragliato – il quale evidentemente considera la marcia di Napier l'avvenimento più illustre di tutta la storia d'Etiopia – si ostina a segnare questa strada ai margini delle sue più recenti carte di navigazione del mar Rosso, nelle quali ignora per contro la ferrovia dell'Eritrea.

Mentre un lungo acquazzone notturno disturba ma non annulla l'arrivo dei rifornimenti, all'alba del 4 – annuale della vittoria – il corpo d'armata riprende il suo movimento. Il passo di Negasc è raggiunto nel mattino.

È questo il luogo in cui si mostra la tomba venerata dai mussulmani di un Hamed el Negasc. Chi sia precisamente questo santone è ignoto. Il suo primo ricordo si trova nello storico arabo di Gragu ove si ricorda che nella prima metà del secolo XVI un luogo del Tigrai orientale fu visitato dalle orde di quell'invasore per venerare la tomba di As-hamat. E la tradizione locale ne fa un contemporaneo e amico di Maometto, del quale ospitò i seguaci costretti a fuggire dalla Mecca; amico assai caro se il profeta d'Allah gl'inviò quando moriva la sua benedizione.

La tomba di questo che da As-hamat oggi è divenuto Hamed, è un modestissimo edificio di tipo indigeno, che appare circondato da un foltissimo boschetto di acacie e di euforbie al pari delle chiese copte: boschetto che deve evidentemente l'esistenza al suo carattere sacro che impedisce di toccare qualunque pianta. Al custode del sepolcro – il quale in costume pittoresco di ogni colore si fa incontro, circondato dai notabili con bandiere italiane e carte di sottomissione già ottenute venendo ad Adigrat – gli ascari mussulmani dei nostri battaglioni eritrei consegnano un obolo prima di recarsi a pregare nel piccolo edifizio.

Urgenti e rapidi lavori di riattamento migliorano al transito provvisorio la ripida mulattiera del passo, mentre i carri armati con splendide acrobazie ed i reparti dell'esercito con le camice nere e gli ascari debordano dal ciglione sulla pittoresca valle di Dongollo e puntano allo sbocco, sbarrato dal fiume Guenfel. Questo viene superato nel suo corso tortuoso in tre successivi guadi. È quasi notte quando le truppe sostano poco oltre il fiume nella vasta piana di Uogorò.

Il movimento è ripreso dopo una breve sosta nel primo pomeriggio del 6. Precedono i carri armati veloci, come bestioline frugenti il terreno a testa bassa. Scaglionati in profondità avanguardia e grosso, mitraglieri artiglierie someggiate e fucilieri avanzano in colonne affiancate, snodando in un perfetto parallelismo di esili file le loro formazioni, con uno spettacolo da battaglia quale si immagina in piazza d'armi; scendono dalle pendici, attraversano il piano, risalgono le colline – ufficiali alla testa – rigando di giallo di verdastro e del bianco sporco dei copertoni da someggio, il verde ora intenso ora smorto della conca ondeggiante.

Le divisioni accampano ancora sul passo di Agulà, caratteristica stretta collinosa ricoperta di fitta boscaglia, che sbocca in una breve valle denominata Chidanè Meret. Il campo è sistemato a difesa attestando ai due colli, dietro la riga infossata in cui scorre l'acqua perenne del fiume di Agulà.

Nella notte un allarme è quivi determinato da notizie pervenute dalla banda di Hailesellassiè che precede di qualche chilometro le truppe nazionali; è intensificato il servizio di avamposti e di scorta dei rifornimenti, cui viene assegnato qualche carro armato del gruppo Baldissera. La notte passa nondimeno tranquilla. L'allarme non è che una lontana eco, misteriosamente propagata, di un combattimento che nel pomeriggio ha avuto luogo sul fianco destro. L'avanzata del I corpo è infatti connessa a quella del corpo d'armata indigeno, che muove ad investire Macallè da nord ovest. Già il giorno 26 le truppe indigene avevano iniziate le operazioni per occupare la regione del Faras Mai e il 4 novembre, raggiunto dalle rispettive posizioni di partenza Hausien, puntavano sull'obiettivo. Non attraverso la carovaniera del passo di Abarò, perchè le condizioni del Tembien e del Gheraltà, facendo prevedere disturbi di bande ai fianchi, non assicuravano sulla regolarità della marcia per quell'itinerario; ma invece da Hausien lungo lo Scioguà Scioguì, stretta forra brigantesca da cui trae origine il Ghevà.

Anche qui però non manca qualche contrasto; ed è appunto al monte Gundì, precisamente fra Addì Gundì e Sao Hausien, che il giorno 6 gli ascari son fatti segno al fuoco degli armati di degiac Uoldegabriel e di grasmac Tellà, gruppi fedeli lasciati alla periferia da ras Sejum onde attenersi ad una cauta tattica disturbatrice. In questa fazione che portò agli abissini una diecina di perdite, lasciava la vita il valoroso tenente Lusardi squadrista bergamasco. Ed era questa che, con la rapidità incredibile con cui le notizie si diffondono talvolta nei paesi primitivi, portava quella sera stessa sospetti di allarme nel campo di Agulà.

Non diversamente di lì a poco accadrà alla colonna Lorenzini, costituita da bande del luogo con due battaglioni indigeni ed elementi di artiglieria caramellata. Partita da Rendacomò alle falde delle colline che scendono sul bassopiano orientale e puntando per Derà su Azbì per proteggere il fianco sinistro dell'avanzata, essa si incontrerà il giorno 12 con armati di degiac Cassà Sebath, e, battendoli dopo un'azione di fuoco di qualche ora, impedirà loro di tradurre in atto colpi di sorpresa sulle retrovie del corpo d'armata Santini.

LA COLONNA BROGLIA

Ripresa il 7 novembre attraverso i guadi del fiume Agulà, predisposti dal genio divisionale durante la notte, e i passi successivi di Haulalò e di Antafò, l'avanzata conduce nella giornata all'obiettivo di Mai Machden ove si diparte un bivio per Dolò e Macallè.

Le prime macchine, con incredibile rapidità nei lavori di assestamento della strada e abile audacia dei conducenti, sopraggiungono nella notte. Intanto tra le due divisioni si costituisce una colonna destinata a puntare direttamente su Macallè, mentre la massa nel mattino dell'8 riprende la sua marcia per quello che è l'obiettivo strategico; il possesso cioè della conca che domina Macallè e del nodo stradale noto sulle carte col nome di un preteso villaggio di Dolò.

La colonna cui doveva spettar l'onore di issare il tricolore sul forte di Macallè, agli ordini di un valoroso soldato, il colonnello Umberto Broglia, composta di battaglioni di bersaglieri di fanteria e di camice nere (1), formandosi prima dell'alba del giorno 8 muove da Mai Machden preceduta dagli armati del degiac Hailesellassiè e sale all'altopiano di Zeban Mossobò. Il sole nascente, che le truppe salutano intonando il suggestivo canto millenario di Orazio, illumina i primi balzi della discesa precipite sulla piana di Macallè, mentre la città si delinea in fondo sotto il colle aguzzo del forte di Enda Jesus macchiato di euforbie.

Gli informatori segnalano che Macallè è stata abbandonata la sera prima dalle truppe fedeli di ras Sejum, comandate dal noto fiduciario di Addis Abeba il negadras Uodagiò Alì, il quale aveva fatto saccheggiare i negozi ed incendiare le case dei partigiani di degiac Hailesel] assiè. Non sembra attendibile qualche voce che parla di armati nemici nascosti presso la città fra i campi di dura. Sbucando al piano, bandiera in testa, la colonna può rapidamente puntare a incontrarsi con le truppe indigene che sono intanto pervenute a ridosso della valle dell'alto Ghevà.

Sono circa le tredici e mezza quando il congiungimento fra nazionali ed indigeni avviene nel grande spiazzale che precede la città dal lato del palazzo di re Giovanni. La colonna Broglia sfila avanti al comandante della seconda divisione indigena generale Achille Vaccarisi.

Sulla grandiosa pianura a rettangoli di giallo e di verde di gradazioni diverse, Macallè è dominata dalla mole da falso medioevo di gusto umbertino di questo noto palazzo eretto cinquant'anni or sono dal falegname Giacomo Naretti da Ivrea per re Giovanni. Alcune case bianche di tipo europeo con copertura di lamiera, staccano con la elegante rotonda della modernissima chiesa copta di Enda Mariam, tra il vasto groviglio di rotondi *agudò* e di *hudmò* rettangolari, gialli e terrosi, nei cui recinti caratteristici stende immancabilmente l'ombra verde un prosperoso tiglio o uno snello eucalipto.

Attraverso le povere case la colonna Broglia muove sull'Enda Jesus al cui presidio ha l'alto onore di essere destinata. Rapidamente sorgono sul ripiano gli accampamenti e si dispone l'eventuale difesa del colle e della città contro il millantato ritorno offensivo di Uodogiò Alì; ma l'animo di tutti è compreso di riverenza. Non v'è umile soldato ignaro della breve vicenda che quarant'anni or sono colmava di storia eroica Macallà, facendo di un rude e ignoto colle uno dei luoghi più densi di contenuto spirituale di questo lembo d'Africa, simbolo di ciò che possa la volontà umana potenziata da un senso religioso del dovere.

Da questi spalti senza che la virtù del buon soldato vacillasse, Galliano vide la mattina del 7 gennaio la pianura di Sciafat biancheggiare di tende come se avesse nevicato e scorse il padiglione rosso del negus Menelik, issato verso il borgo di Debrì. E tra queste mura oppose alle forze soverchianti e alle necessità della sete la potenza dominatrice dello spirito.

Nel pomeriggio il tricolore è issato tra le rovine della ridotta; poco prima silenziosamente viene deposto tra gli avanzi rozzi delle vigorose mura un fascio di gelsomini che il generale Somma e i camerati della "28 ottobre" hanno raccolto all'alba fra la boscaglia spinosa e odorante di Mai Machden.

L'indomani fanti bersaglieri e camice nere raggiungono le rispettive unità attestate fra Dolò, Eghir Erivà e Doghèa. Il generale De Bono verrà il 13 a visitare ufficialmente il capoluogo riconquistato dell'Endertà.

Se anche qualche settore abbia creduto di indulgere a taluni spunti eroici, qua e là emergenti da piccole azioni e dal baldanzoso unanime desiderio di misurarsi col nemico, che spiaceva di veder svanire davanti al progredire delle nostre truppe ed al favorevole atteggiamento delle popolazioni, l'avanzata che si compiva con questo balzo su Macallè - a parte i riflessi militari di quella sempre più vasta difficile e geniale organizzazione logistica che è vanto del generale Dall'Ora - costituisce sopratutto una brillante marcia politica. Politica e prevalentemente pacifica quindi, e vorrei dire trionfale. E qui sta il suo merito e il suo carattere. In quanto essa è documento di una maturità imperiale del nostro popolo che poteva a taluno sembrare insospettata, perchè costituisce il risultato della potente attrazione esercitata sulle genti del Tigrai, pur senza alcuna nostra deliberata azione di concreta propaganda, da un quarantennio di vicinanza italiana che ha operato inconsapevolmente, offrendo alle popolazioni perdute nella oscurità della preistoria un esempio luminoso di un paese ordinato e protetto.

Alto significato cui il maresciallo De Bono alludeva in poche frasi incisive, quando il 10 dicembre '35 celebrava in Senato le truppe avanzati "che hanno marciato, lavorato, cantato e riso".

1) I btg. del 60° regg. fanteria; XX btg. Bersaglieri; 180° btg. CC.NN. della divisione "28 ottobre".

OCCUPAZIONE DEL TEMBIEN

L'occupazione di Macallè creava una vera testa di spillo legata alle basi da una pista di 120 chilometri che già si veniva consolidando, mentre lasciava tra la zona orientale e l'attestamento al Tacazzè del settore Adua-Axum, una vera lacuna al centro nel possesso militare nettamente diviso in due. Anche ai lati estremi il fronte offriva la possibilità di avvolgimenti che mirassero ad insidiare la linea di tappa, principalmente attraverso la Dancalia per la mulattiera di Rendacomò, e ad occidente attraverso la cosidetta linea del Dechai Tesfà davanti al vecchio confine dell'alto Mareb.

Nell'intento di procedere alla protezione ai fianchi e alla saldatura centrale il generale De Bono dispone alcuni movimenti, mentre mostra di rinunziare almeno pel momento al successivo balzo in avanti su Amba Alagè o altra posizione intermedia.

Elementi indigeni e CC.NN. convergendo da Macallè e da Hausien a metà novembre muovono così a controllare le posizioni più importanti del Gheraltà e del Tembien, fra cui passo Abarò, sostenendo qualche scontro con le truppe di ras Sejum all'Amba Salamà e ad Amba Betlem. Si denota a contatto con l'azione delle nostre truppe un orientamento favorevole di qualche elemento della popolazione con la sottomissione di fitaurari Tesfa Johannes. Succeduto nell'alto comando il maresciallo Badoglio, il Duce invia dall'Italia, prontamente accogliendo e superando le richieste, forze sufficienti.

Mentre i reparti sono tenuti alla mano e si disturba il nemico con tormentosi bombardamenti aerei, Badoglio passa decisamente ad assicurare le comunicazioni e a saldare la zona occupata da cui muovere, appena possibile, per la battaglia decisiva. Sui fianchi crea un intero corpo d'armata, il IV, per guarnire il fronte del Dechai Tesfà ammassando tra Adi Ugri e Tucul la 5ª CC.NN. e la divisione "Cosseria", mentre lancia gruppi di battaglioni eritrei e bande alle due ali estreme dei bassopiani, rispettivamente ai fianchi di Axum e di Macallè. Quindi occupa stabilmente la falla centrale del Tembien e del Glieraltà, ove sempre più chiaramente sembrava mirassero i capi nemici.

Dopo abbandonata Adua ras Sejum seguito dai suoi armati e seguaci più fidi e dalla propria famiglia s'era recato, come si è visto, al di là del fiume Uerì e s'era fermato appunto nel Tembien, il selvaggio feudo personale che considerava fedelissimo in quanto culla della propria famiglia e come tale aveva affidato alle cure nominali del piccolo amatissimo erede, il decenne degiac Mangasscià.

Si veniva pertanto subito a delineare - e gli avvenimenti lo confermarono di lì a poco – quale punto di particolare sensibilità politica e importanza militare fosse questa regione, da cui l'Italia era rimasta fin allora assente. Selvaggio territorio nel quale anche nel 1895-96 il nostro controllo era stato minimo, limitato a poche marcie dei battaglioni Ameglio e Pianavia intesi a disturbare nel suo territorio il famigerato ras Alula. Benchè alcuni notabili dal Tembien avessero compiuto atto di sottomissione durante le prime settimane dell'avanzata e il corpo eritreo avesse toccato i limiti della regione, il Tembien era ancora effettivamente un'incognita, la più grave di quante ne esistessero sulla linea dell'occupazione.

Il pieno controllo della regione veniva pertanto ordinato dal maresciallo Badoglio mentre era in navigazione per assumere l'alto comando. Da Macallè il corpo d'armata eritreo muoveva verso occidente tra il 24 e il 29 novembre con la 2ª divisione (generale Vaccarisi) seguita dalla 1ª (generale Di Pietro). L'una per la spaccatura curvilinea del fiume Hururà perveniva sull'altopiano di Melfà, mentre l'altra lungo il difficile passo di Abarò penetrava il 2 dicembre nella piana dell'Uerì e del Cacciamò e vi sostava.

Nel contempo il 29 novembre il 1° gruppo CC.NN. d'Eritrea comandato dal console generale Diamanti con l'11° squadrone di carri veloci moveva da Hausien sul piano e si fissava ad Addì Zubahà, procedendo ad una spedita sistemazione della pista per il transito.

Una vera passeggiata militare con qualche lieve combattimento portava così in brevi giorni i nostri reparti nelle località più importanti e vitali dell'aspra regione. Il 5 due battaglioni CC.NN. con Carri veloci entravano ad Abbi Addì, capoluogo amministrativo ed importante centro commerciale, installandosi sulla forte spianata di Gombas Memenà – la spianata cioè *dell'Albero inclinato* – che fronteggia e domina ad occidente la conca in cui si annidano le capanne del villaggio. Ed il generale Pirzio Biroli comandante del corpo d'armata indigeno, innalzando nello spiazzale nel mercato la bandiera nazionale, insediava a capo della regione degiac Lilai, un capo originario del Tembien che aveva seguito a Macallè Hailesellassiè Gugsà.

La carriera di questi, che è nato oltre sessant'anni or sono nel villaggio di Enda Bassà Leinà e reca tre mutilazioni di guerra sul suo corpo stecchito, è cominciata come quella di ogni capo che si rispetti col brigantaggio politico. Seguace di degiac Gugsà, ribelle a Menelik. combatteva per nove anni contro il degiac del Tembien ed Endertà, Habrahà Araja detto Caiè – cioè il rosso – per le sue imprese sanguinarie. Avendo aderito con il suo signore a proposte di pacificazione avanzate dal vecchio negus rimase ad Addis Abeba 10 anni, noti si sa bene se relegato o in attesa di un comando effettivo. Alla morte di Menelik si trovò coinvolto nelle lotte che portarono al trono ligg Jasu, e alla nomina di Gugsà a ras del Tigrai, ebbe il comando dell'Augot e del Samè nella regione di Jeggiù (amhara) e quindi quello degli Azebò Galla. Aveva promesso a Gugsà di seguire il suo figliuolo in pace e in guerra: appena conosciuta la sottomissione di Hailesellassiè all'Italia lasciò pertanto il suo comando e venne a presentarsi alle autorità italiane a Macallè. Come il più autorevole personaggio del Tembien fra i sottomessi, ora veniva designato a capo della regione che si occupava militarmente.

Il generale Pirzio Biroli, insediato degiac Lilai, visita Melfa. Il 6 le divisioni eritree si trasferiscono lungo il fiume Tonquà e appena un paio di settimane dopo la loro partenza rientrano a Macallè, l'una da Melfà e l'altra – che era rimasta nel piano del Cacciamò – da passo Uarieu e monte Cnit.

Restava nella regione così agevolmente sottomessa, a presidio della linea di tappa da Hausien e dell'attestamento di Abbi Addì, il generale Diamanti col suo gruppo CC.NN. d'Eritrea, un gruppo di artiglieria e lo squadrone carri veloci. Situazione che invero dopo pochi giorni all'incalzare degli avvenimenti doveva manifestarsi come abbisognevole di consolidamento.

CELICOT

Era appena sistemato a difesa lo schieramento di Adua e Macallè e si venivano saldando le estreme zone occupate col controllo del Tembien e col presidio dei bassopiani, quando prendeva graduale consistenza la radunata dell'esercito abissino e aveva inizio il suo lento ma graduale trasferimento verso il passo Alagè. La nostra posizione sul fronte nord veniva in breve ad assumere aspetti dal tutto nuovi. Chiusa la fase essenzialmente politica, s'apriva quella più spiccatamente militare.

Alle poche migliaia di armati di Admasù Burrù e di Hailù Kebbedè che fin allora tenevano il fronte di Macallè e agli altri, principalmente di tas Sejum, che si erano ritirati sul Tembien o insinuati tra la Dancalia e l'Endertà – Uodagiò Alì e degiac Cassà Sebath in primo luogo – si aggiungevano di già le avanguardie dell'esercito del generalissimo del nord ras Cassà Hailù, calcolato nel complesso di trentacinquemila armati regolari, cui seguiva quello del bigerondi Latibelù Gabrè. E venivano addensandosi a migliaia a sud di Quoram le truppe di ras Mulaghietà ministro della guerra, mentre affluiva sulla via di Dessiè diretto verso il lago Ascianghi un altro forte esercito di ras Ghetacceù Abatè.

A metà di novembre mentre nella zona di Amba Alagè si sono concentrate tutte le più importanti forze del Tigrai e ras Sejum rimane nel Tembien, ras Cassà è segnalato a nord di Ascianghi con 20 mila armati. Le nostre truppe di Macallè attrezzano il campo trincerato di strade di depositi di fortini; compiono qualche ricognizione verso il sud per tentare e saggiare la presenza del nemico. Prima di ogni altra sul villaggio di Célicot.

Allora nelle carte si leggeva Scélicot. Ma a torto, perchè gli indigeni dicono propriamente Célicot e così si trova scritto nei documenti della nostra guerra del '95. Nessuna meraviglia del resto dell'errore, Perchè l'approssimativa cartografia etiopica era tutta a base di tali deviazioni, costruita com'è inserendo su pochi punti di una sommaria triangolazione settecentesca elementi di diverso valore, tratti da itinerari e da vaghe informazioni, e nella quale perciò appaiono località secondarie e non esistono altre più importanti, sono dati villaggi per fiumi, per grandi strade i sentieri, mentre il sovrapporsi di trascrizioni fatte alla maniera italiana o francese o inglese ingenera una non invidiabile incertezza, crea nomi, altri malamente storpia fino a renderli irriconoscibili. Gramo ed incerto contenuto che costituisce perciò un documento ineccepibile in più – ove mai occorresse – delle ultrapacifiste intenzioni con cui l'Italia è rimasta per quarant'anni inerte ai confini del Tigrai, se non ha pensato a provvedersi, non dico di quei doviziosi elementi militari che è di prammatica possedere dei paesi confinanti anche se stretti da trattati di amicizia e di alleanza, ma neppure di quel fondamentale strumento di invasione che è almeno un itinerario dimostrativo.

Célicot, adunque, era apparso alle nostre truppe quando non appena compiuta l'occupazione di Macallè furono sistemate le posizioni meridionali lungo l'ampia valle del Ghevà. Sotto il dominio dell'Amba Aradam, che per oltre cento chilometri si era delineata all'orizzonte, quasi tipica mèta con la massiccia mole triangolare preceduta da punte rocciose che paiono rovine di un castello ciclopico.

Celicot, appiattato quasi in una ruga del terreno, da lontano più che un villaggio sembrava una vasta macchia verde di alberi e di orti; eccezionale apparizione in questa terra ove i paesi sono modesti aggregati di capanne, che si perdono incolori e senza sagoma nella campagna circostante. Non erano trascorsi tre giorni dall'insediamento della "28 ottobre" sul passo di Dogheà, che una compagnia di camice nere perveniva in ricognizione nell'ameno sito verdeggiante.

Strapiombo diabolico per guadagnare la valle, attraverso un viottolo tortuoso tutto infiorato di gelsomini e gialli alberetti di budleia, la bella pianta ormai entrata nel giardinaggio europeo. Lievi profumi in sordina come tutti quelli, se non m'inganno, di questa regione, vero "incognito indistinto" di miele pepato e di verbena. Quindi, campi di grano biondo e maturo, aie primordiali in cui gruppi di Zebù vengono pazientemente condotti in giro sui covoni dalla guida di uno schiavo seminudo e scalzo, che gira incessantemente davanti a loro. Credevo di aver trovato la forma primordiale della trebbiatura nel mediterraneo orientale, ove l'animale trascina una pesante tavola che taglia spighe e paglia con aguzze punte di selce; ma mi avvedo che questa, al confronto col procedimento tigrino, è già una macchina raffinata.

Poco oltre alberi e giardini del villaggio. Spira una grande aura di pace, in contrasto (o in conseguenza?) con le nostre mitragliatrici. La gente accorre senza per nulla dare l'impressione d'essere premuta fra due eserciti. Copti e mussulmani ia due gruppi separatamente si accostano con grandi segni di ossequio, cercando di dare ogni prova di buone accoglienze e dimostrando di gradire la visita in arme. "Contadini siamo" traduce nel suo pittoresco italiano un graduato eritreo "commercianti siamo, non siamo grandi, siamo sulla strada (dell'avanzata), sappiamo governo italiano avere sue cose, mangiare sue cose, pagare suo denaro. Volere carta di protezione e bandiera italiana quando soldati italiani avanzare". Dopo questo, possiamo avviarci alla più idilliaca visita del pittoresco paese.

Viottoli ombrosi e una stradicciuola selciata adducono, dopo alcuni strani sbarramenti che obbligano a passare curvi, alla chiesa copta. Una vera cinta, fortificata come un *ghebì* da feritoie e da una torre-porta, raccoglie belle piante d'alto fusto, ulivi selvatici e conifere che paiono cedri o cipressi orizzontali e qualche eucalipto, l'albero australiano dal quale con il fico d'india e l'agave americana è stato profondamente invaso da elementi stranieri il paesaggio botanico abissino. Nel suo folto si annida fra ombre mistiche il bell'edifizio rotondo, con tetto impagliato sul quale domina la ricca croce di ferro e di uova di struzzo, racchiuso tutto all'intorno da un portichetto con transenne in legno, varie nella decorazione di gusto arabo e copto.

Le pareti esterne della chiesa, sotto il portico, sono tutte ricoperte di pitture su tela. È il solito repertorio iconografico dell'arte copta, che dalla bizantina trae la fissità tradizionale e le convenzioni primitive di piani e di scorci. Il cavaliere san Giorgio inveisce sul mostruoso drago crocodilaceo; l'Annunciatore appare a Nostra Donna; il Giudice Divino reca in trionfo le anime sante e precipita quelle perdute tra guizzi di fiamme; il monaco Taclehaimanot si santifica stando ritto, con eremitica perseveranza. su di una sola gamba; da ultimo sulla porta dell'Impenetrabile, il ras fondatore dell'edilizio – un Uoldesellassiè del tardo settecento – è ritratto in gioventù ed in vecchiaia su destrieri galoppanti alla caccia dell'elefante e dell'ippopotamo.

Un disegno sempre appassionato, spesso nobile, su di una vasta scala cromatica fusa da una tonalità addolcita e patinosa da richiamare il pastello.

Attende all'uscita l'alta figura del capo mussulmano, col capo fine ed aguzzo fasciato di turbante. Egli procede verso il quartiere basso; viottoli ombrosi s'aprono fra i giardini verdissimi nei duali si perdono le piccole capanne tonde e quadrate; orticelli di zucche e di cipolle ombreggiati da gruppetti di aranci e di limoni – foglie lucidissime e piccoli frutti a scorza legnosa – gradevolissima sorpresa cui fa riscontro un imprevisto sistema rudimentale di irrigazione. Un ruscello canta, traendomi improvvisamente al ricordo nostalgico di Adalia e del romoreggiare dei suoi canali nei giardini alimentati dal molteplice estuario.

Questa vera oasi di particolare agricoltura è legata, come mi sembra, alla presenza del gruppo di popolazione mussulmana che possiede più vasta esperienza e metodi meno irrazionali della copta. Célicot non è infatti per nulla in condizioni migliori delle altre località della regione, il che costituisce senza dubbio argomento per meditare sulle possibilità dei futuri sviluppi della colonizzazione, senza nondimeno che su di ciò occorra far assegnamento prevalente. La grande, manifesta e immediata possibilità dell'economia tigrina sta qui e altrove nella cultura dei cereali.

Qualche giorno dopo la nostra ricognizione, una razzia abissina puntava su Celicot. L'incontro con gli abitanti dev'essere stato assai meno cordiale del nostro; risuonava qualche fucilata e poco dopo una grossa preda di zebù prendeva la via di Antalò. Sui razziatori dalle nostre posizioni una batteria apriva subito il fuoco; ma non un colpo cadeva sul verde villaggio. Granate e shrapnells cingevano di scoppi con precisione geometrica le capanne e inseguivano i predatori.

L'indomani si presentavano alle linee alcuni abitanti venuti a ringraziare del provvidenziale intervento, mostrando con larghi sorrisi di aver compreso l'amorevole cura onde era stato loro evitato ogni danno.

Così su ogni luogo che avesse liberamente riposto fede nell'Italia, anche se oltre le linee, cominciava ad esercitare la sua protezione la forza fascista.

L'AGGUATO DI DEBRI'

Ai contatti mediati dovevano ben presto seguire le prime avvisaglie dirette di fuoco. L'avanguardia di ras Cassà, il quale è accompagnato dai figliuoli Asfauossen ed Averrà, sbocca nel piano a nord di Alage prima che finisca il novembre. Oltre Macallè viene a delinearsi con precisione lo stato di guerra.

Gli abitanti abbandonano con il loro bestiame i villaggi della zona estrema dell'occupazione – da Agulà a Doghèa a Debrì – restando solo in parte nel centro più importante di Macallè. Ed in ciò è evidente una coercizione dei capi a noi ostili. Non si capisce dove essi si siano rifugiati, ma certo in valli non lontane ma riposte quali offre a dovizia il tormentato paese.

Inoltre sulla sinistra dello schieramento lungo la piega di confine con la Dancalia, i gruppi di armati di degiac Cassà Sebhàt, cui si è aggiunto degiac Belai Uoldiè, si agitano desiderosi di tentare colpi di mano su reparti isolati e colonne di salmeria.

Ras Sejum incontratosi con ras Cassà a Muggià il 24 novembre e ricevuto qualche aiuto in armi e uomini, torna verso il Tembien con almeno tremila armati. I messi di ras Cassà facendo rullare i *negarit*, invitano nei vari mercati settimanali gli abitanti a pazientare e resistere, mentre si rendono garanti che gli italiani saranno battuti per san Giorgio, tre dicembre. E proprio per quel giorno è riservato il battesimo del fuoco alle truppe nella zona di Macallè, toccando alla "28 ottobre" il doloroso privilegio di dare i primi caduti.

Il santo cavaliere è profondamente legato alla storia militare dell'Abissinia moderna; la battaglia di Adua ricadeva infatti nel giorno della sua festività mensile e si dice che la regina Taitù, dopo essere stata nel santuario di Abba Garimà, pregasse appunto durante i combattimenti nella chiesa di san Giorgio di Adua. Il santo apparve, secondo fu narrato ai combattenti, incoraggiandoli e guidandoli; e Menelik in ringraziamento della grande vittoria eresse ad Addis Abeba un grande tempio in suo onore.

Benchè l'assoluta incombattività fino ad allora riscontrata nelle popolazioni e la vanità di altri allarmi inducesse ad un generale scetticismo, la vigilanza era la notte del 2 intensificata ovunque, fra le molte truppe addensate nel settore di Macallè.

La linea era da poco piombata nell'oscurità, dopo la breve luce della luna incipiente, quando l'eco di una breve raffica di mitragliatrici ed alcuni colpi di fucili denunziarono al comando che una prima sorpresa era già in atto. Alcuni uomini cautamente accostandosi alla destra dello schieramento della "28 ottobre" avevano aggirato la posizione ancora non completamente munita, e sparato a bruciapelo sulle tende degli ufficiali. Con saldezza di nervi degna di vecchissimi soldati, senza che il fuoco dilagasse come pur sarebbe stato naturale, i legionari reagirono immediatamente, scompigliando il tentativo e infliggendo perdite gravi di fronte ad un solo ferito fra le camice nere. Il resto della notte passava senza altri ritorni offensivi.

Ma il fanatismo abissino reclamava ad ogni modo il suo s. Giorgio di sangue. Fallita la sorpresa si ricorreva all'imboscata. A mezzogiorno alcune fucilate vengono segnalate verso un angolo verde della pianura, in prossimità del villaggio abbandonato di Debrì. Giunge poco dopo al comando della divisione un gruppo di quattro bambini indigeni che si serrano spauriti intorno ad un milite; recatisi a raccoglier ceci in un loro campo, spaventati da lontani colpi di fucile erano fuggiti verso il milite che bighellonava lì presso, con quella mentalità di pace che dominava ancora le truppe.

E una piccola scena di tenerezza e civiltà prettamente di stile italiano il vedere una bambina che mormora lacrimosa e tremante *"abuna, abuna"* (padre) al maturo milite, tenendosi aggrappata alla sua mano, mentre questi strascicando l'accento tipicamente palermitano esclama "sei e quattro dieci", spiegando che a casa lo aspettano sei figliuoli. Ma giunge in quel momento il primo brusio di una lontana sorpresa. Si parla dell'eccidio d'un gruppo di militi. Una compagnia prontamente accostatasi al villaggio di Debrì ritorna poco dopo con un triste annunzio ed un pietoso carico.

Una *corvée* della sussistenza recatasi in quei pressi a far legna aveva rinviato una parte del carico verso l'accampamento, mentre quattro camice nere rimanevano col resto dei muli. Sorpresi da un folto gruppo di armati abissini, questi legionari opponevano − come dimostrava una lunga scia di bossoli − piena resistenza, arretrando ordinatamente verso il solco del fiume ove forse credevano di potersi asserragliare. Colpiti ognuno da numerosi proiettili a distanza, quei prodi militi erano stati dopo morte straziati da fendenti di sciabolone.

La reazione non tarda. Il generale Somma la predispone, saggia e violenta, per l'alba dell'indomani. Alle prime luci piombano su Debrì camice nere della "28 ottobre", ascari del XXV battataglione ed uno squadrone di carri armati. La sorpresa riesce in pieno; sono nel villaggio un centinaio di armati che presi tra due fuochi si buttano nel profondo burrone del Calaminò. Numerosi feriti macchiano del loro sangue le rocce riuscendo a dileguarsi; oltre una diecina di morti rimangono impigliati qua e là.

Ascari e camice nere iniziano il rastrellamento e la distruzione del villaggio, che giace allo sbocco di una vera via protetta, il solco del fiume, che dalla valle vasta del Ghevà adduce alla conca della nostra occupazione.

Debrì è un borgo vasto e pittoresco che allinea capanne rotonde e case di buona costruzione rettangolare lungo il bordo roccioso del fiume Calaminò e le insinua fra vallette confluenti. Ciuffi di alberi appaiono tra le case ed avvolgono la principale chiesa copta, là dove il fiume sprofonda in una voragine rocciosa con un groviglio verticale di poliedri dai quali sbava una cascata.

Una punta di roccia, che emerge dallo strapiombo vertiginoso appena collegata all'alto da uno strettissimo istmo, è coronata da una chiesetta recinta di mura con uno sbarramento multiplo dei passaggi, perfetto esemplare dei principi primordiali della fortificazione applicati a sfruttare un sito formidabile. Il ghebì di un capo, degiac Destà, ha una vasta sala affumicata con colonne lignee a due filari che dà la più vivida immagine di un'antica reggia omerica; un grandioso orcio infranto versa miele che bruciacchiando avvolge la sala di un gradevole odore.

In una casa è scoperto il cadavere di un vecchio *muntazz* eritreo, anch'egli sorpreso dagli abissini qualche giorno prima ed orribilmente squarciato e mutilato.

Le camice nere e gli ascari ritornano alle loro posizioni. Nel fortini e fra gli accampamenti si diffonde quell'atmosfera di eccitazione e di letizia che segue al fatto d'armi. Molti sì recano a rendere omaggio alle salme dei camerati caduti, cui la pietà dei medici ha mascherato i profondi strazi recati dai proiettili esplosivi e ricongiunto braccia e mani barbaramente stroncate. Un'onda generale di commozione invade chi penetri nella penombra verde del tendone della sanità, ove su manipoli di spighe sono composti i corpi straziati delle prime quattro camice nere cadute nell'impresa fascista dell'Africa orientale.

Il generale Somma addita con un ordine del giorno all'ammirazione ed alla riconoscenza dei camerati le camice nere Zanesco Antonio, Garzoni Francesco, Pozzato Giovanni e Cipollina Giuseppe della 2ª sezione sussistenza, dei quali esalta l'aver accettato la lotta e aver reagito strenuamente col fuoco, esempi della tenacia, del sentimento del dovere e della passione del combattimento che animano le camice nere. "Di fronte al sereno e fermo contegno dei quattro legionari, che isolati si impegnano in una lotta impari, consapevoli dell'imminente fine, inchiniamoci riverenti".

Un nodo serra la gola dei camerati passando avanti al piccolo berretto di fatica di Zanesco, la C.N. di Montebello Vicentino, che reca scritto: "e se bisogna morire noi non vogliamo morire se non crocifissi sull'asta della bandiera italiana".

Con rito molto austero i camerati così eroicamente caduti sono tumulati sotto il recinto del forte Galliano ad Enda Jesus, a testimoniare la continuità ideale dell'azione delle camice nere con gli antichi eroismi. Un piccolo saldo monumento li addita alla pietà ed alla riconoscenza degli italiani nuovi.

Di lì a qualche giorno nuove truppe sopraggiungono nella zona. Con l'arrivo della divisione "Sila" ha inizio quell'addensamento di forze che il maresciallo Badoglio vien preparando ai fini del suo piano operativo, che manifestamente si orienta su questo settore dello scacchiere eritreo.

La divisione "28 ottobre" a dapprima cede alla unità sopravvenuta il presidio di una parte del suo fronte: quindi viene sostituita anche nelle altre sue posizioni ed arretra lievemente, ponendo l'accampamento a cavallo della pista fra Enda Jesus e Quihà; fra le rovine del villaggio semidistrutto di Gherghembesc. E quivi trascorre il resto di dicembre e le festività di fin d'anno.

Addestramento, celebrazioni, propaganda fra le truppe, qualche ricognizione oltre le linee: a Monòs-Melesà il 23 e il 30 ad Ausebò, per saggiare itinerari od obiettivi che saranno probabilmente assegnati alla divisione in caso di avanzata.

Si sperimenta in queste marce in prossimità del nemico, la formazione triangolare che dovrà dare sicurezza e vittoria nella battaglia del Debra Amba il 28 febbraio. Ma negli ultimi giorni dell'anno, al ritorno proprio dalla ricognizione di Ausebò, un telegramma del maresciallo Badoglio chiama il generale Somma al comando superiore. È l'ordine per la divisione di cambiar settore e recarsi a presidiare, liberare e pacificare il Tembien.

Avanzata su Macallè

Il cono di Enda Jesus

Le Camice Nere della "28 Ottobre" entrano a Macallè (8 novembre)

Il generale Vaccarisi e Hailesellassiè Gugsà a Macallè (8 novembre)

Badoglio, Santini e Somma a Passo Doghèà (2 dicembre)

L'incendio di Debrì

S.E. Badoglio coi generali Santini, Somma e Cona
all'osservatorio della "28 Ottobre" (2 dicembre)

Ra Hailesellassiè Gugsà

Enda Jesus. Il cippo dei primi caduti

False dolomiti di Atebei

Propaganda alle truppe (Gherghembesc)

Artiglieria in azione (21 gennaio)

Viottolo nel Tembien

Ras Sejum

Ras Cassà

Artiglieri contro Debra Amba (20 gennaio)

Termitaio del Tembien

Il ridotto di Passo Uarieu (21-24 gennaio)

Il Comando della "28 Ottobre" durante l'azione del 21 gennaio

Nel ridotto di Passo Uarieu (22 gennaio)

Nel ridotto di Passo Uarieu (22 gennaio)

Interrogatorio di prigioniero (23 gennaio)

Interrogatorio di prigionieri durante la battaglia (23 gennaio)

Salmerie di combattimento (27 febbraio)

Uork Amba

Combattimenti di Uarieu (23 gennaio)

Un informatore

Sottomissioni

La grotta di ras Cassà su Abbi Addi

Sottomissioni di degiac

Sottomissioni

Mercato di Macallè

Donne avanti la Chiesa

LA DIFESA DI PASSO UARIEU

IN ATTESA DEL GIORNO X

Nel linguaggio dello Stato Maggiore come giorno X è indicato negli ordini quello in cui dovranno aver inizio le operazioni prestabilite, con riserva di precisarlo al momento dell'esecuzione.

A questo giorno ansiosamente fu volto il pensiero dei combattenti una volta pervenuti a Macallè. All'orizzonte, tra la compatta massa nerastra della catena dei monti Borà, si profilava l'aguzzo cono di Amba Alagè, terzo dei "conti da saldare" indicati dal Duce, nome pieno di larga popolare risonanza; era naturale che su di esso si appuntassero con impazienza i desideri e molti si chiedessero come mai lo sbalzo su Macallè non si fosse spinto verso quel passo stretto e disagevole, sicuro sbarramento ancora incustodito dal nemico.

È noto per quali ragioni il maresciallo De Bono arrestò la sua marcia alla conca di Macallè; lo sforzo logistico era in quei giorni giunto al suo limite estremo e il sostentamento di 70 mila uomini su di una pista improvvisata di ben 170 chilometri era di per se stesso una tale audacia, che il maresciallo Badoglio succeduto al comando superiore non esitava in seguito a dichiarare miracolosa. Ma non era dubbio che superate queste prime difficoltà convenisse spingere l'occupazione o addirittura sul passo di Alage, da tutti considerato come la porta dell'Impero, o anche soltanto sulla formidabile posizione di Debra Ailà − dietro Amba Aradam − già segnalata da Baratieri come punto di dominio delle vie verso il sud. Località che avrebbe offerto condizioni di difesa indubbiamente assai più favorevoli che non l'incerta e vastissima linea della conca del Calaminò. Primo argomento di discussione era pertanto se non convenisse senz'altro insediarsi su tali posizioni, mentre al di qua di Alagè non erano ancora affluite le forze abissine e si trovavano alcune migliaia appena di armati.

L'allungamento della linea di tappa che il nuovo balzo avrebbe rappresentato − rispettivamente 20 chilometri per Debrà Ailà e 50 per Amba Alagè − si pensava che fosse compensato da un accorciamento del fronte determinato da naturali sbarramenti, nonchè dalla solidità delle nuove posizioni tattiche, da cui lo sfilamento delle grandi forze mobilitate dell'impero si sarebbe potuto precludere e sulle quali poteva convenire a tutti i costi prevenire il nemico.

Non serve oggi indagare se sia stato un bene od un male non aver serrato i tempi e compiuto subito questo balzo, che gli avvenimenti rinviarono invece a vittoria ormai delineata e quasi raggiunta.

Ognuno sa come nulla sia in effetti più ozioso ed antistorico di discussioni siffatte. Era appunto l'arresto su Macallè che determinava quello schieramento abissino sulla trasversale Ghevà-Tacazzè che è la realtà sulla quale il maresciallo Badoglio ideava e realizzava la sua manovra di annientamento; la realtà concreta cioè sulla quale si costruiva la vittoria. Ogni esame di questo stato di fatto perciò non porterebbe che ad un vano giuoco d'ipotesi su ciò che non è avvenuto, di valore pari alle proverbiali esercitazioni sul naso di Cleopatra.

Riandare ai motivi che in proposito venivano agitati durante il corso degli avvenimenti, non è tuttavia privo di interesse. Non solo perchè – anche se per avventura potessero assumere aspetto di strategia da caffè – siffatte discussioni sono un documento della consapevole spiritualità onde la guerra è stata vissuta dai suoi anche modesti attori; ma anche sovratutto perchè mostrano un lato fra i meno manifesti di quelli che la vittoria deve, anche nei suoi riflessi più propriamente tecnici, alla volontà unitaria del Duce ideatore a distanza delle linee maestre dell'azione e rivoluzionatore di pretese "verità svelate" del campo militare.

I postulati strategici maneggiati da chi lungi dall'affrettare uno spostamento verso Alagè deplorava l'esserci spinti fino a Macallè erano pregevoli e incontestabili, e altronde piuttosto banali anche per gli incompetenti. La linea di tappa che si indebolisce con l'allungarsi, la sua forzatura che non deve esser portata al di là di un certo limite, l'inutilità militare del progresso territoriale quando invece occorre il contatto e la distruzione dell'esercito nemico dovunque essa avvenga.

Col caratteristico atteggiamento di ognuno che sia ingolfato in buona fede nella propria tesi tutto serviva a rinvigorire queste convinzioni. Si sottolineavano le dichiarazioni fatte ad un giornalista a fine di novembre dal comando etiopico, il quale si compiaceva della nostra avanzata che aveva verificato allargamento di fronte ed allungamento di linea di tappa "elementi attesi per ritenere la situazione strategica favorevole all'inizio dell'offensiva". Si segnalava la lentezza con cui necessariamente procedevano le opere di adattamento della pista fra Adigrat e Macallè, di questo filo già teso argomento fondamentale per differire ogni velleità di avanzata; e poteva perfino sembrare che taluno trovasse nel suo subcosciente una inconsapevole remora per non conferire all'opera per quel che poteva competergli più celere ritmo.

Non è un mistero come da noi si fosse previsto che una eventuale guerra con l'Abissinia bisognasse farla aspettando l'invasione dell'Eritrea ed appoggiando una difesa manovrata alle opere chiuse della nostra linea Adì Cajè-Mai Ainì-Adì Ugri – ed eventualmente sulla seconda linea se non addirittura nel ridotto di tutta l'organizzazione – ove una vittoriosa battaglia di resistenza avrebbe preparato l'azione controffensiva. Ed è risaputo che in conseguenza si escludeva ogni sconfinamento su quelle che si prevedeva sarebbero state le posizioni dell'esercito abissino – la serie cioè delle alture rocciose di Adigrat-Adua-Axum – non essendo considerato conveniente prevenire quivi il nemico, che avrebbe sempre trovato più indietro una linea simile. Piano fantasioso che non teneva conto di alcun fattore morale e realistico di politica interna e mondiale, come se la guerra potesse essere compiuta in un laboratorio sulla esclusiva base degli elementi strettamente tecnici di manovra e di armamento. La guerra, che è il più raffinato fenomeno politico – cioè totalitario – che conosca la storia.

L'assoluto distacco degli avvenimenti di ottobre da questa accarezzata "ipotesi più favorevole (!)" non poteva cancellare d'un colpo tutto ciò. Raggiunti i primi obiettivi era indicato infatti come ultimo sforzo per il 1936 il consolidamento della linea Adua-Enticciò-Adigrat; e più tardi, subita ancora l'avanzata su Macallè, si dava per certa una pluriennale fermata sulla capitale di re Giovanni. Era naturale del resto che da queste premesse non potesse scaturire un'ansia operativa, quale era necessaria per apprezzare gli sbalzi già operati e vagheggiarne degli altri.

Ma alla base di questo atteggiamento remissivo e temporeggiatore non stavano soltanto degli schemi preordinati e degli ottimi teoremi scolastici diventati ormai sangue del proprio sangue. Stava anche tutta una mentalità a respiro limitato e cauto, stanca, imbevuta di sopravvivenze della guerra di posizione, del mito delle formidabili possibilità guerriere abissine, e del peso della vecchia Adua, infine uno scarso gusto della responsabilità.

Questa mentalità ebbe modo di manifestarsi in uno dei modi più interessanti e strani dopo che il notiziario radio ebbe annunciato, la sera del 16 novembre, che a De Bono succedeva Badoglio e al tempo delle discussioni sul progetto Hoare-Laval.

Ques'autentica "categoria" della passionalità umana, che induce naturalmente ognuno a trovare nei fatti un conforto al proprio intimo desiderio, nell'atmosfera di voci che creava l'attesa del nuovo comandante, fece ripetere l'inverosimile che Badoglio venisse per sistemare dei territori e che perciò avrebbe sciolto i corpi d'armata e trasformato le divisioni in organi territoriali con compiti politici ed amministrativi. Assurda chiacchiera, di fronte alla quale molti, credo, si dovettero chiedere come mai la nomina a comandante superiore del capo di stato maggiore generale, della figura militare più rappresentativa del Paese, potesse avere un tale significato, come se dell'alta responsabilità fosse stato investito un prefetto del regno o un capitano d'industria.

Assurda e non patriottica; perché non era certo nella linea di quella che i militari chiamano la disciplina delle intelligenze col capo, supporre che uno sforzo così ingente potesse arrestarsi a risultati modesti, quali nel 1895 erano stati raggiunti da qualche battaglione, e quindi sostanzialmente fallire.

Non diversamente, con gratuita interpretazione di segni di stasi, di acqua sul fuoco "fortunatamente" messa nelle direttive, la non eroica speranza della fine affrettata delle operazioni rifiorì a proposito del discorso del Duce l'8 dicembre col primo accenno al contatto di due esperti, che venne perfino falsato con aggiunte degne del più screditato ufficio voci; più ancora quando di lì a poco furono diffuse le basi delle proposte Hoare-Laval. Allora si vide taluno alla ricerca ansiosa di notiziari ufficiali e di pareri di cosiddette personalità, aggrapparsi ad ogni più incongruo argomento come invasato da un vero furore giuridico e diplomatico. E si levò il non italiano augurio che fosse compresa quale magnifica porta di uscita ci spalancasse, con quell'accordo, la nobiltà degli antichi alleati. Ultimi residui delle antiche mentalità quietiste, che avevano accolto con diffidenza la guerra d'Africa e custodivano il più amaro scetticismo, e le quali piansero naturalmente sul provvidenziale tramonto della proposta di conciliazione. In altri tempi questa mentalità avrebbe costituito per lo meno elemento di disfattismo ed incontestabilmente esercitato la sua influenza, specie se ammantata com'era sotto aspetto di tecnicismo. È merito dell'ordine fascista se passava invece fra la generale noncuranza, senza agire benchè menomamente sullo stato d'animo generale, sì da poter esser oggi relegata tra le quinte dei meno importanti "si dice". Gli affioramenti inevitabili, come per forza fisica, dei detriti di un passato che il Fascismo ha infranto, risultavano del tutto impotenti.

Come già De Bono così Badoglio veniva al comando dell'impresa con precise direttive e piena fiducia del Duce, che è quanto dire avendo con sé tutto il Paese nei suoi afflati di pubblica opinione e nella sua concretezza di possibilità pratiche e di organismi tecnici. Comandante nel senso integrale come pochi hanno avuto nella storia la fortuna di essere.

Sotto l'indiscusso prestigio della sua personalità, in una atmosfera di assoluto e insindacabile comando, al coperto da ogni interferenza, le volontà ardenti e fiacche, lo spirito offensivo e difensivo, la mentalità di guerra di posizione e di guerra di movimento, l'anima titubante e quello fiducioso, l'ansia operativa e la prudenza strategica, tutto cedette e ognuno cercò fino all'inverosimile di adeguarsi. Anche se vi fu dapprima chi si dovette spingere a spintoni, tutti furono inesorabilmente organi della lontana volontà del Duce, imboccarono la strada con il passo segnato dal maresciallo Badoglio. E come dalla forma nasce la convinzione, ben presto la mentalità quietista venne lentamente a dissimularsi, a scomparire, a cedere il posto, anche nei più pigri e restii, alla fiducia e al dinamismo.

Dagli attendamenti di Enda Jesus, ove Badoglio il 16 dicembre trasferiva – a 4 chilometri dalla primissima linea – il suo comando, una volontà indomabile animò di un ritmo unico e pulsante gli organismi e le truppe. Sulla piana del Calaminò dopo qualche giorno un riversarsi di autocolonne fra nugoli di polverone e acri fumi di nafta faceva sospettare anche ai mediocri intenditori che il giorno X non dovesse esser lontano; ne davano certezza gli occhi chiari e luminosi che accendono una luce semplificatrice nella testa potente ed originale del condottiero, mentre s'aggirava con antica semplicità tra gli attendamenti sempre più vasti di quel Suo comando dominato dagli avanzi del forte Galliano.

Nel frattempo la radunata dell'esercito abissino era però compiuta; il suo trasferimento quasi ultimato. Il giorno X, che parea dovesse coincidere col finire dell'anno, era quindi rinviato per risolvere preliminarmente problemi accessori, posti dalla mutata situazione.

IL COMBATTIMENTO DI ABBI ADDI'
(17-22 DICEMBRE)

Nella prima metà del dicembre la zona tra araba Alagè e la nostra linea di Macallè si era ormai gradualmente saturata di truppe di ras Cassà e ras Mulughietà. E questi incontratisi nuovamente con ras Seium delineavano una ripartizione di forze ed un piano operativo.

Sembra che in quel momento le truppe presenti fossero all'incirca di 90 mila armati metà gravitanti ad occidente coi ras Cassà e Sejum, metà ad oriente con Mulughietà, che assumeva il comando superiore. Mentre un altro esercito, calcolato di 40 mila armati, agli ordini di Aialeu Burrù e ras Immirù muoveva attraverso la zona del Setit e del medio Tacazzè sul settore di Adua-Axum.

Veniva in tal modo a riaffacciarsi ed a concretarsi, nell'orbita tradizionale della manovra d'aggiramento, il disegno di minacciare tutto il nostro schieramento tentando di incuneare un grosso corpo di sceltissime truppe attraverso il Tembien. Piano già accennato nella nota lettera dell'ottobre di ras Sejum ed innegabilmente bene ideato.

Mentre il nemico, lungo la trasversale del Ghevà si assicurava una felice possibilità di manovra per linea interna, avvisaglie assai significative denunziavano un passaggio deciso all'offensiva.

Ras Immirù forzava il 14 dicembre il fiume Tacazzè a Mai Timchet e puntava verso Axum, tentando di aggirare l'ala destra del II corpo su Dembeguinà; tenaci combattimenti dal 15 al 17 in vari guadi del fiume nonchè a Dembeguinà ed Af Gagà arrestavano il movimento nemico, mentre la nostra linea veniva arretrata in posizioni più adatte alla difensiva. Nel contempo anche al centro dello schieramento le masse etiopiche di ras Cassà e ras Sejum iniziano una pressione crescente sul Tembien. Si determina così un movimento su Abbi Addì, capoluogo della regione già da noi occupato.

Sobillata da Sejum la rivolta fermenta intanto in questa provincia. La coda di qualche nostra colonna è attaccata di sorpresa; ma più desiderosi di cimentarsi in agguati con sicura superiorità numerica, i paesani – inquadrati da elementi dell'esercito regolare in quella buffa tenuta che è il kaki abissino falsobelga e falsogiapponese – insidiano di preferenza salmerie sulla linea di comunicazione, ove parecchi dei nostri incontrano con la morte il martirio di orride mutilazioni. Dirige queste operazioni nel territorio intermedio il degiac Ghebriet Mescescià che terrorizza le popolazioni ed attacca le retrovie e al quale si deve fra l'altro un sanguinoso agguato ad Atebei il 27 dicembre.

Il generale Diamanti comandante dei battaglioni Camice Nere d'Eritrea rimaste a presidio del Tembien segue ed accerta questo addensarsi di sempre nuove forze abissine su Abbi Addì; mentre le popolazioni inquiete – indizio di grande importanza – abbandonano i villaggi.

Abbi Addì – soltanto una relatività assoluta può giustificare il suo nome che significa Grande Paese – distende le rade e modeste capanne nel tenue declivio di una grande ansa semicircolare aperta tra lo strapiombo complesso di un terrazzamento che orla alla base tre monti, il Debra Ambà, il Kelkelai e lo Tzellerè. Sbucando da una faticosa frattura, un fiumicello, il Tonquà, alleva presso le sue ripe profonde alcuni giardini di muse alberelli di caffè e limoni; piccola macchia verde che è come assorbita ed annullata dal grigiore dei cespugli e delle arenarie rossicce.

L'occupazione di questo misero capoluogo era stata compiuta impiantando un presidio tra opere campali, su una spianata che ad oltre un chilometro ad occidente domina questa conca del villaggio e lo sbocco del Tonquà, la spianata dell'*albero inclinato*.

Da questa posizione molto vicina all'abitato il gen. Diamanti il giorno 9, all'addensarsi di forze nemiche nelle montagne che lo fronteggiavano, da lui con esattezza intuite e accertate nella loro soverchiante entità, trasferiva la propria truppa sui terrazzamenti di Debra Ambà, sventando il progetto nemico di distaccare l'occupazione delle sue basi logistiche. Le popolazioni si rassicurano e rientrano alle sedi. Nel contempo, prontamente richiamati, il giorno 13 sopraggiungono rinforzi di ascari e artiglierie della 2ª divisione eritrea (gruppo Bausano).

Nei giorni seguenti le nostre forze eseguono vari movimenti per una migliore sistemazione, mentre il nemico col meglio delle truppe dei degiac Marù, Hailèmarian e Latibelù calcolate a 20 mila uomini, si spinge sull'Amba Tzellerè ed il Tonquà e minaccia dall'alto del Debra Ambà la nostra occupazione del terrazzo.

Segue un primo importante combattimento. Lo descriveremo riportando una pagina del padre Reginaldo Giuliani, cappellano delle CC.NN. d'Eritrea, attore e spettatore passionale ed intelligente, la cui testimonianza appare circonfusa d'alta luce, consacrata com'è dal sacrificio eroico cui Egli doveva andare incontro circa un mese dopo, a poca distanza da questo primo campo di lotta dei suoi reparti.

"Nel pomeriggio del 17 dicembre" – scrive il Padre Reginaldo (1) "sulla cresta altissima di Debra Amba, al nostro tergo, furono avvistati gruppi, nemici che, scoperti, aprirono un insistente fuoco di fucileria. Venne immediatamente distaccato un reparto allo scopo di rintuzzare quegli audaci che dalle vette stavano minacciando una discesa. Si accese un intenso fuoco.

Apparve evidente al nostro comando che il nemico fingeva quell'attacco sul fianco per attirare da quella parte attenzione e forze, onde sferrare poi un vero assalto sul fronte prospiciente la valle. Si aprirono perciò occhi di Argo all'ingiro, più che mai, per tutta la serata e per tutta la nottata. I fatti della giornata successiva, 18 dicembre, dovevano dare piena ragione a queste previsioni.

Di buon mattino gli abissini riaprirono il fuoco dalla cresta di Debra Amba: celati dalle boscaglie che fasciano quella vetta, famosa per il convento copto che s'alza sul suo rovescio, scaricavano con insistenza sfacciata i fucili sul nostro accampamento e non furono sgominati che dai colpi perfettamente assestati delle nostre artiglierie.

Intanto, alla prima luce, un ordine di operazione distaccava un intero battaglione di camice nere, il secondo del nostro gruppo, e lo gettava nella vallata con precisi obiettivi, alla ricerca del nemico. L'audacia, accompagnata da "Madonna Prudenza", riporta sempre vittoria sui campi bellici.

I compagni rimasti al presidio della piazzaforte, dal ciglio tutto orlato di mitragliatrici guardavano l'invidiato battaglione preceduto e fiancheggiato dalle pattuglie di sicurezza, disteso a valle e sveltamente diretto verso l'Amba dell'Albero, prospiciente la valletta in cui si cela Abbi Addì. Sedici ufficiali, quattrocentottanta uomini di truppa sono agli ordini del seniore Luigi Valcarenghi che del suo battaglione ha saputo fare, con tenace preparazione, una perfetta massa d'assalto, quasi un reparto di quei vecchi arditi che egli comandò sul fronte del Piave.

Lungo la direttrice di marcia forti nuclei nemici impegnarono le pattuglie dell'ala sinistra, che, prontamente rinforzate, poterono permettere l'avanzata rapida di tutto il battaglione verso il suo obiettivo. Senonchè gli esploratori avvertivano il comandante che la posizione era difesa da numerosi armati asserragliati in un recinto. Un deciso ordine getta gli esploratori e la compagnie di avanguardie all'attacco frontale, mentre altre due compagnie devono aggirare cautamente e lestamente il nemico. I primi assaltatori, tutti bravi ragazzoni friulani capeggiati dal capomanipolo Raffaele Barnaba, d'un balzo soverchiano l'avversario. La manovra riusciva in pieno, tanto che senza perdita alcuna, pur fra l'intenso fuoco nemico, in brevi istanti i nostri occupavano il campo costringendo la massa avversaria alla fuga. Sul campo, fra morti e feriti, il nemico aveva lasciato i cadaveri di quattro dei più influenti capi del Tembien.

Mentre i nostri si dispongono a difesa, per ogni parte, della posizione conquistata, si accorgono che il nemico, riavutosi dalla grave perdita, corre ai ripari. Sono notati folti gruppi che scendono dal roccioni sovrastanti il paese di Abbi-Addi e si ammassano fra i tukul, mentre altre colonne di centinaia di armati accennano ad un aggiramento. Il fuoco delle nostre mitragliatrici continua a battere con insistenza e con evidentissima efficacia tutti questi movimenti di accerchiamento.

Verso le 13.15 il battaglione, giusta gli ordini, doveva iniziare il suo ritorno alla base di partenza. Il nemico, accortosi del movimento, si fece più audace. Tutto all'intorno, fra le pietre ed i cespugli, fu un brulicare di bianchi sciamma, un levarsi di fucili e di mitragliatrici. Precisi ordini dal nostro comandante raccolsero allora tutto il battaglione su due rialzi, dove le camice nere, nascoste fra i sassi, rispondevano arditamente al fuoco nemico. Il maggior numero di feriti si ebbe in quelle due ore di ininterrotto fuoco. I medici Bellusci e Mancini si prodigarono eroicamente, dando fondo ai rifornimenti degli zaini di sanità.

Dal posto di comando il generale Diamanti seguiva tutto lo svolgimento del combattimento. Pronti ordini gettano verso i nostri due compagnie di rincalzo: la seconda compagnia del XII battaglione Eritreo e la terza compagnia del nostro IV battaglione comandata dal centurione Capparelli. Queste, appoggiate da due carri veloci, prendono di fianco la colonna aggirante e con le raffiche della mitragliatrice le infliggono forti perdite costringendola a ripiegare in disordine. Interviene l'artiglieria che, sotto le indicazioni dirette dal generale, martella in pieno il nemico, che, pur nella fuga disordinata verso i suoi covi presso il Ghevà, è incalzato dal tiro preciso dei nostri diversi calibri.

Mentre la massa nemica fugge, nuclei sparsi continuano, con quella tenacia che è propria di questi combattenti primitivi, a tenere i nostri movimenti sotto il loro fuoco.

Le perdite nemiche accertate risalgono a qualche centinaio. Da parte nostra – conclude il Padre Reginaldo – si ebbero due morti nei battaglioni indigeni, quindici feriti fra le camice nere e più di una ventina di altri feriti leggeri".

Più vasto e importante è il nuovo combattimento impegnato poco dopo dalle truppe della brigata Dalmazzo, sopraggiunta nella sera del 18 sull'impervio itinerario di Mai Maretà e Melfà, da dove era discesa sul fiume Beles attraverso Monte Cnit.

Il generale Dalmazzo, esaminata la situazione, stabilisce di saggiare direttamente il nemico.

Un battaglione eritreo (il XXII) procede il giorno 22 verso la spaccatura del Tonquà per raggiungere quella specie di imbasamento pianeggiante da cui sorge l'Amba Tzellerè; seguono il XIX in secondo e il IV battaglione in terzo scaglione pronti a spiegarsi. Gli abissini attaccano fidando in una superiorità numerica. Ma la saldissima eroica resistenza del battaglione avanzato permette l'arrivo e l'intervento degli altri due, ai quali ben presto s'aggiungono il IX ed il XVII sui fianchi. Gli abissini; ormai agganciati, sono largamente battuti d'infilata e lasciano sul terreno armi modernissime e caduti in numero effettivamente superiore ai 700 denunziati dal nostro primo bollettino (n. 79) e quasi il triplo dei feriti.

Da parte nostra sette ufficiali morti e sei feriti nessuna guerra coloniale ha avuto così spiccata prevalenza di perdite degli ufficiali - e circa trecento eritrei fuori combattimento. Il fatto d'armi più importante di tutto il primo trimestre di operazioni sul fronte nord, con splendidi esempi di bravura e di eroismo.

Il combattimento determina ulteriore afflusso delle truppe di ras Cassà sul Tembien. E sembra che anche ras Mulughietà, aderendo alla tesi di Sejum, si proponga decisamente di concentrare gli sforzi su questo settore.

Il giorno 27, in armonia con la nuova situazione che si viene delineando, è stabilito il ritorno dei nostri elementi da Abbi Addì, ove si trovavano distaccati in posizione lontana, per concentrarli alla difesa dei passi Uarieu ed Abarò. E mentre col resto della 2ª divisione eritrea il comandante stesso generale Vaccarisi sopraggiunge dall'alto, attraverso l'infernale mulattiera di Enda Emanuel ed Abbà Salamà, e si collega con le truppe Dalmazzo al passo Uarieu, il maresciallo Badoglio decide l'invio nell'aspra zona della divisione CC.NN. "28 ottobre".

---

(1) *Nel fuoco della battaglia*, articolo postumo in *Regime Fascista* 9 febbraio 1936, XIV.

ALTO E BASSO TEMBIEN

Il Tembien è circoscritto per tre lati dal giro del corso montano del Ghevà e del suo affluente Uerì, mentre si attacca a nord alle forme affini dell'Enticciò ed alle distese pianeggianti dell'Haramat che degradano da Edagà Hamus.

Due distinte zone di piano e di monte costituiscono il paese. Il monte, che gli abitanti chiamano Tembien Degà cioè alto Tembien, è un vasto complesso sventrato dalla spaccatura convergente dei torrenti Tonquà e Decenà, i quali si riuniscono poco prima di uscire in pianura in unico corso, che sempre pii profondamente scavato incide la rossa arenaria della montagna a spezzature angolari con superbe architetture, quali sa costruire la millenaria opera dell'acqua.

A natura arrotondata e dolce, questo complesso montuoso ha l'aspetto dei poggi toscani, ma di proporzioni vastissime. Tutto quello che da noi è piccolo, precisato, miniaturistico, qui è grandioso. E qui sono alcuni centri importanti tra un succedersi di grassi pascoli popolari di armenti e di terreni scoperti e fertili, di un bel nero organico che li rende atti alla cultura dei frumenti.

Di una forma grossolanamente triangolare, questo alto Tembien è orlato verso il settentrione e l'occidente da tagli e strapiombi dell'arenaria denudata, di apparenza dolomitica se pur di struttura del tutto diversa, a volte sopraffatta e come decorata da intrecci di vegetazione inerpicata e pensile.

Un infernale succedersi di monti dall'aspetto di guglie e obelischi, piramidi cupole o abbozzi di moli antonelliane, insinuandosi come un capriccioso bastione nel cuore stesso del paese, delimita l'altipiano della parte del Tembien che in modo alquanto approssimativo può dirsi pianeggiante. E questa è rigata da una rete di piccoli fiumi o torrenti i quali, taluno in modo diretto, la maggior parte attraverso l'Uerì, vanno a finire nel grosso Ghevà.

Apparente pianura – Tembien cuollà la chiamavano gli indigeni – profondamente agitata, di un'altitudine media intorno ai 1.500 m., essa è tutto un succedersi di ondulazioni il cui apprezzamento si perde nella vastità dell'aperto panorama, ma che in realtà costituiscono alture e colline, fossi e vallette, pianori e fondure di varia natura ed importanza, di terreno prevalentemente arenario. Ricoperta di vegetazione spinosa, di acacie, con ampi sicomori presso i fiumi, in essa le termiti costruiscono i loro colossali coni terrosi, sì che assume l'aspetto tipico della pianura somala. L'attraversa ora, con fatica, la pista che unisce Abbi Addì ed il passo di Uarieu alla base di Hausien e superando il Cacciamò e l'Uerì alla zona di Adua.

A dominio dell'alta valle del Tonquà, quasi alle origini, il vasto villaggio di Melfà stende i vari gruppi delle sue capanne di legno e frasche tra declivi, frammisti ad un bel verde di alberi di acacie ombrellifere.

Melfà è il centro economico dell'altopiano ed ha l'aspetto caratteristico del paese primitivo e pastorale, pieno di una sua vitalità effettiva. Ma la sua vera importanza deriva dal fatto che in uno dei suoi casali Mai Mereb nacque nel 1831 dal capo locale, lo Scium Tembien Mereccià e da una pronicpessa dell'Endertà, la uizerò Sellassiè, quel Cassà, soprannominato abba Berbis cioè "frate sventratore" divenuto nel 1872 negus negast d'Etiopia col nome di Atè Ioannes IV. Il famoso re Giovanni, la cui vastissima discendenza pullula ancora in varia condizione in tutto il Tembien, dappertutto circondata da un riguardo che mostra quale tenace ricordo sopravviva del sovrano, che doveva riprendere il processo di consolidamento dell'impero e, morto con fama di martirio nella battaglia di Metamma contro l'infedele, doveva consegnare all'usurpatore Menelik le basi per la costruzione della grande effimera Etiopia.

Al margine dell'altopiano, verso il Ghevà e sulle fonti del Decenà, il centro religioso di Enda Mariam Quorar, la chiesa di Maria del Freddo, nella quale esiste una rigorosa clausura, si affaccia sulle vastissime regioni del sud, osservatorio di un orizzonte sterminato: da Macallè sulla sinistra all'Amba Aradam dal massiccio di Alagè e dei monti Borà alle capricciose punte di Amba Damascal, dalle cime del Semien a più lontani blocchi evanescenti. Tutto un succedersi un accavallarsi un sovrapporsi di forme montane capricciose aguzze o a tavolati, tondeggianti e arcuate, di sfumature rosse e grigie, azzurognole e biancastre, di luminosità e nebbie, delinea e spalanca la più efficace immagine che si possa immaginare di questo sterminato continente la cui entità colossale stenta ad esser immaginata anche dalla fantasia più accesa.

LA MARCIA DELLA SETE

Tra un nebbione umido da pianura padana, il mattino del 2 gennaio la divisione "28 ottobre" dalla conca su Macallè, ove si trovava dal giorno dell'occupazione, muoveva per Mai Mosogò ed Enda Michael Romanat.

Quivi in formazione di combattimento, data la probabile presenza del nemico, entrava nel ripido e stretto passo montano che precipita sul vasto solco del Ghevà. Obbligate ad uno sfilamento per uno di uomini e quadrupedi a considerevole allungamento, le CC.NN. pervenivano così, al termine del primo giorno di marcia, in una zona insidiata dal nemico, pronto all'imboscata dalle sue posizioni dell'ambà Betlem. La notte trascorreva nondimeno del tutto tranquilla benchè vigilante, in un accampamento a cavallo del Ghevà.

Le CC.NN. procedono il giorno dopo su due colonne una delle quali lungo la mulattiera di fondo valle del torrente Hururà e l'altra per un itinerario alpestre che, alquanto più a nord ed in costante collegamento a vista col fondo valle, si svolge attraverso i villaggi di Addì Cherranò ed Addì Mesencò, atto a permettere un fiancheggiamento dall'alto in condizioni di sicuro dominio tattico.

L'assoluta mancanza d'acqua affatica i militi nel difficile itinerario ma non intacca la vitalità dei reparti. Gli aerei segnalano nelle vicinanze elementi di cavalleria nemica. Ma per i sentieri impervi scendono serrati uomini e salmerie; armi pesanti in ispalla, dotazione completa di cartucce, zaino affardellato. Senza perdere un uomo od un oggetto il gruppo cannoni, col bravo col. Cecconi in testa, oltrepassa burroni, attesta alle ambe e terrazze, quadrato ed ordinatissimo come in una figurazione di battaglia ottocentesca o in una vecchia parata.

Le colonne si ricongiungono verso sera a Enda Michael Alaesà. Un primo lieve attacco contro la testa, immediatamente stroncato, denuncia la presenza di nuclei nemici che distaccati dall'occupazione in forze della zona di Melfà si sono spinti fin verso il boschetto che circonda la chiesa. Mentre il grosso della divisione prosegue immediatamente - scartando la erronea indicazione dei pozzi di Mai Gundì -verso le ricche sorgenti di Mai Maretà, che venivano additate come le sole possibili da quel ligg Tafarì di Melfa della famiglia di re Giovanni, il quale doveva essere guida e compagno prezioso della "28 ottobre" in tutti i più difficili momenti di guerra, come nell'opera di sistemazione politica del Tembien.

Un certo numero di militi, esauriti dalla grande fatica ma più ancora dalla sete, ha dovuto ritardare abbattendosi nell'ultimo tratto fra i cespugli, con gli occhi sfavillanti ed insieme spenti ed il viso di chi ha esaurito nello sforzo ogni sua energia non per difetto di volontà. Nè per tutti è stato possibile un pronto e sufficiente soccorso, ancorchè per l'alleviamento del peso fossero stati utilizzati fino all'estremo i muli, e alcuni ufficiali si fossero caricati delle mitragliatrici pesanti per sollevare i portatori esauriti. Il generale Somma dispone pertanto che ad Enda Michael Alaesà si fermi la 180ª legione per raccogliere e coordinare i ritardatari e proteggere la colonna.

L'abbondante refrigerio dell'acqua è raggiunto dalle truppe a tarda sera, attraverso una marcia sempre più penosa al chiarore lunare. Ogni fatica sembra già scomparire alle prime putride fosse che preannunciano la serie ricchissima di polle del Mai Maretà; fresca e dolce, l'acqua bevuta a larghi sorsi sembra un ignoto nettare, di cui certamente sarà difficile gustare l'eguale.

Il giorno 4 la divisione sosta in questo sito, mentre tutti i ritardatari, già rinfrancati dalla fresca rugiada della notte e soccorsi da un reparto con muli carichi d'acqua immediatamente rinviato sull'ultimo tratto di strada, raggiungono la colonna. Tutti, tranne due che perivano in una imboscata presso il villaggio di Addì Cherranò e dei quali si ritrovavano i cadaveri.

Il movimento riprende il mattino del 5 in vari scaglioni lungo la via di Mai Gundì. Al levar del campo dell'ultimo battaglione un nucleo nemico che si manifesta nel bosco di Enda Jesus, tenta una nuova azione di sorpresa; ma non si accorge dei nostri elementi che dietro una piega del terreno vigilano appunto la partenza del reparto di coda. Segue un piccolo combattimento, nel quale il nemico lascia 22 morti.

L'ingresso nel Tembien era così segnato dalle prime azioni di fuoco della divisione, che mostrava di saper fronteggiare l'insidia evitando ogni sorpresa.

Sono le prime ore del mattino quando le truppe di testa della "28 ottobre" infilano le lunghe e difficili strette della mulattiera del passo Abarò. Mentre al passo sono rilevati e sostituiti con adeguati reparti il presidio superiore e l'inferiore – fino allora forniti dal 1° gruppo battaglioni CC.NN. di Eritrea – il nucleo centrale della divisione entro la giornata medesima del 5 perviene ad Addì Zubahà, congiungendosi con reparti della 2ª divisione eritrea. La necessità di sfilare per uno, lungo le interminabili stretture del passo e la sua primordiale e ripidissima mulattiera, aveva prodotto un allungamento dell'intera colonna di oltre 20 chilometri.

Il rapido se pur faticosissimo afflusso della "28 ottobre" nel Tembien, produceva di per sè stesso un primo risultato, interferendo ancora una volta sul piano di ras Cassà.

Con la rapidità misteriosa con cui le notizie si diffondono nelle sterminate regioni di civiltà primitiva e con inversa esagerazione, mentre ai comandi di Macallè pervenivano imponderabili notizie allarmistiche sul trasferimento, al campo abissino a quanto fu dato accertare si ebbe l'impressione che sul Tembien si fosse rovesciata una ingente massa di truppe. Il giorno 4 – come poi riferirono gli informatori – ras Cassà e ras Sejum rappacificati da uno dei loro cronici dissidi e riuniti nella regione di Enda Abbà Aderà avevano deciso di preparare l'invasione, trasferendo il nerbo delle loro forze riunite verso il torrente Rubà Uoinì. La notizia del rinvigorimento del passo Abarò e delle truppe in marcia su Uarieu li faceva il giorno dopo rinunziare al progetto e ritornare nella regione di Abba Salamà.

Traeva intanto inizio tutto un complesso di movimenti delle nostre truppe in vario senso, di istituzione di nuovi presidii, di sostituzioni di distaccamenti. Il generale Pirzio Biroli veniva il giorno 11 a concretare con i generali Vaccarisi e Somma idee e piani, e rimasto qualche giorno fra Addì Zubahà e Uarieu, fissava quindi il suo comando a passo Abarò.

Truppe eritree e CC.NN. tessevano incessantemente il paese, con una serie di movimenti in su e giù che se riuscivano incomprensibili ai reparti stessi, anche agli abissini, se mai tentarono di comprendere qualche cosa, dovettero certamente dare un senso di assoluto disorientamento sul loro scopo.

Alla fine dei movimenti le CC.NN. della "28 ottobre" e del 1° gruppo d'Eritrea, rinforzate da tre battaglioni ascari, venivano a trovarsi distribuite lungo la linea da Hausien a sella Uarieu e sul passo Abarò; mentre la 2ª divisione eritrea poteva risalire la valle e piazzarsi lungo il torrente Maretà. La sera del 16 con la costituzione del presidio sul colle di Uogorò, che per il suo profilo somigliante al celebre promontorio palermitano veniva denominato "il Pellegrino", in ammirabile posizione per stroncare le provenienze dal Rubà Uoinì, tutta la dislocazione prevista per fronteggiare ogni eventualità era raggiunta e le posizioni apprestate a difesa. Gli avvenimenti dimostrarono quanto tutto ciò fosse stato tempestivo.

Una particolare funzione doveva assumere la posizione che non si sa bene perchè abbiamo chiamato passo o sella Uarieu.

Questo è in realtà per gli indigeni una dogana interna – un posto daziario – chiamato Kessad Bambà sulla via trasversale del Tembien per Adua e costituisce l'estrema strozzatura collinosa in cui tra il "monte Due Corni" – Amba Carnalè – ed il "monte dell'Oro" – Uork Ambà – finisce a sud la piana ondulata degli affluenti di sinistra dell'Uerì. Credo anzi che nella ricerca di qualche nome da inserire in quelle carte prevalentemente mute che sono i nostri nitidi ma provvisori "rilievi speditivi fotogrammetrici", sarà stato proprio un frettoloso appunto che segnava la denominazione Uerighè pertinente all'Uerì – ad essere letto in quel modo. A meno che non si voglia pensare ad un equivoco per Uorseghè nome di uno dei minuscoli villaggi sul sito poi invaso dagli accampamenti.

Comunque Uarieu è oggi acquisito e consacrato; non soltanto dall'uso – chi conquista ha sempre imposto i suoi nomi di luogo anche se nati da un errore, insegnino Negroponte e monte Matto – ma sovratutto dai non comuni avvenimenti del 20-24 gennaio.

Nella battaglia che in quei giorni ha quivi infuriato, s'impegnava infatti per la prima volta – come segnalava il commentario del comando A.O. e tutta la stampa metteva in rilievo – una grande unità della milizia in eroica fusione di ardimenti con reparti dell'esercito e delle truppe di colore, per una complessa azione militare di vasto raggio il cui successo più che tattico va definito strategico.

OPERAZIONI SU MELFA'

Se l'arrivo delle Camice Nere aveva arrestato il gravitare delle forze di ras Cassà sul delicato settore del Tembien, qualche giorno di osservazione dell'entità effettiva delle nostre truppe e l'estrema importanza strategica attribuita dagli abissini al settore, facevano infatti di lì a poco risorgere le intenzioni offensive. Notevoli afflussi di truppe dal settore di ambà Alagè avevano rinvigorito le forze abissine gravitanti sul Tembien. Circa 20 mila armati gravitavano sull'altipiano da Abbi Addì a Melfà, Enda Mariam Quorar, ambà Betlem, ed altrettanti nel piano Bararuà – Tonquà.

Era evidente che ras Cassà si preparava ad agire. Molte informazioni insistevano nell'attribuirgli il piano di voler premere verso occidente su Adua, cooperando con ras Immirù e lasciando una frazione di truppe ad impegnare le nostre forze del Tembien. Ed a ciò era riferita una nuova riunione di Cassà e Sejum con altri capi ad Abbi Addì, segnalata il 10 gennaio.

Ma da varia fonte veniva emergendo come assai prevalente l'ipotesi di un attacco su Abarò e Uarieu, col disegno di spazzare i nostri presidi avanzati, per giungere ad Hausien ed insinuare una grave minaccia tra Adua e Macallè. Tradurre in atto, cioè, l'attacco del Tigrai "di fianco" già prospettato da Sejum nella sua lettera.

Questo ardito e pericoloso tentativo il maresciallo Badoglio decideva genialmente di sventare, prevenendolo con una operazione offensiva.

Il piano ideato a questo fine, s'ispirava al concetto di chiudere gli sbocchi che dall'altopiano portano verso nord ed ovest; per muovere quindi da Mai Maretà a schiacciare il nemico raccolto in quella zona, completando l'accerchiamento verso sud con azioni di bombardamento aereo nella valle del Tonquà.

Varie piccole operazioni di assaggio venivano intanto eseguite da una parte e dall'altra. Il 12 gennaio su movimenti nemici dall'altopiano di Melfà cerso Abarò il gruppo cannoni della "28 ottobre" portandosi in posizione assai opportuna compie dei tiri precisissimi. Il 15 scolte abissine affacciate dalla dominante posizione di Uork Amba scambiano fucilate con le nostre vedette di Uarieu; interviene anche – presto ribattuto dalle nostre artiglierie – un piccolo pezzo abissino, un 42 *Hotchkiss*, ed una mitragliatrice.

La notte, dal villaggio retrostante di Zevandàs, i negarit, battuti sui ritmi semplici e barbarici della più primordiale sensibilità musicale, chiamano i paesani all'*obbedienza* all'*adunata* ed al *combattimento*, mentre diffondono nel campo come un sentore di foresta primitiva (1). Si erano addensati dietro l'Amba, come subito si seppe e fu poi confermato, circa 1.500 uomini in massima parte amhara, mentre i paesani ricevevano istruzioni di attaccarci ai segnali convenuti dai loro villaggi. Il 18 ed il 19 battaglioni ascari molestano e saggiano forze nemiche premeti ai fianchi dell'Uork Ambà e del Carnalè e si inizia una coerente preparazione di artiglieria.

Si desta improvvisamente, preludio della battaglia, quel concerto di fragori che è proprio della guerra di montagna.

Spari pieni secchi sodi e scoppi di arrivo come schiaccianti e crepitanti si insinuano tra i monti, pare ne seguano le forme i meati gli anfratti, rotolando con rimbombo temporalesco dapprima inghiottiti e risucchiati, quindi restituiti dalle valli, trasformati e ripetuti come tra voragini profonde e da echi molteplici e prolungati. Fragori che il sole cocente accelera ed incrudisce, l'umidità della notte ovatta e dilata come se li spaccasse.

La sera del 19 è sciolta la riserva per l'inizio delle operazioni, cui si dà principio il mattino seguente, mentre viene comunicato un dispaccio del Duce che elogia il piano e confida per la sua esecuzione nel valore di comandanti e gregari.

Lo schieramento iniziale può considerarsi *grosso modo* distinto in due settori. Nella regione antistante al passo Abarò il Comando del corpo d'armata eritreo (generale Pirzio Biroli) con due gruppi della 2ª divisione eritrea, uno della 1ª divisione e reparti delle CC.NN. della "28 ottobre" (generali Vaccarisi e Dalmazzo) (1). Al passo Uarieu le CC.NN. della "28 ottobre" e del I gruppo di Eritrea con un battaglione di ascari (generali Somma e Diamanti) (2), ed una colonna mista di due battaglioni ascari con CC.NN. ed artiglieria della "28 ottobre" (1) alle pendici del Pellegrino (ten. col. Buttà).

Il grosso delle truppe indigene dal passo Abarò addensandosi al Mai Maretà, doveva muovere con azione di forza sulla direttrice di occidente, per insediarsi sull'altopiano a Melfà ed eventualmente ad Enda Mariam Quorar. Il compito della divisione Somma nel quadro generale della battaglia era invece quello di garantire da un canto, con la legione 116ª consolidata su passo Abarò, questo importante caposaldo, e dall'altro di mantenere l'assoluto possesso di sella Uarieu, presidiandola per una resistenza ad oltranza; mentre con le forze mobili delle colonne Buttà e Diamanti doveva agire verso gli sbocchi sud occidentali. Quest'ultima, operando in azione dimostrativa verso Abbi Addì, onde attrarre le forze nemiche di Debra Amba e Uork ambà, e la colonna Buttà movendo dal monte Pellegrino per inibire al nemico una probabile discesa dall'altopiano su Abbà Salamà ed eventualmente per raggiungere, se richiesta, monte Lata e Melfà. Una riserva costituita dal battaglione eritreo e due compagnie mitraglieri restava a diretta disposizione del generale Somma, per coordinare presumibilmente l'azione delle due colonne.

Il 20 mattina, secondo il prestabilito, le truppe eritree agli ordini del generale Vaccarisi, dal Mai Maretà muovono in due colonne per la conquista del primo obiettivo tattico, l'allungata altura dello Zeban Kerkatà, il gruppo Tracchia direttamente per Mechenò e il generale Dalmazzo col gruppo Scotti e le CC.NN. alquanto più a sud, per Enda Jesus-Zeban Mesebò ed il bivio verso Alemaliè.

La colonna Tracchia lungo la vallata inizia ben presto un brillante e tipico combattimento d'incontro con notevolissime masse nemiche, che movevano verso il passo Abarò. Dal più lungo itinerario di sinistra anche l'altra colonna entra ben presto in azione. Si delinea una vasta e violenta battaglia che con azione convergente porta verso le tredici alla completa conquista dello Zeban Kerkatà. Il generale Pirzio Biroli sopraggiunge con le riserve di corpo d'armata – gruppo Galliani – insediandosi sull'elemento più meridionale del Kerkatà verso la quota 2300. Il nemico si ritira in grande massa sul monte Lata e nelle posizioni circostanti e quivi trascorre gran parte della notte. Ma il combattimento era stato assai duro.

Le cifre delle perdite subite dagli abissini, date in un primo momento come aggirantisi intorno ai mille morti, non appaiono all'ulteriore controllo per nulla esagerate. Le confermavano infatti paesani e capi, interrogati in sul finire della campagna dopo le vittoriose azioni di fine febbraio, i quali hanno narrato con vivezza di particolari la gravissima impressione determinata fra i combattenti e le popolazioni dalla manifesta sconfitta, in cui si era risolta quella battaglia che fu denominata dei *sette degiac.*

S'erano impegnati infatti nell'aspro combattimento contro i nostri ascari i più importanti sottocapi di ras Sejum — e cioè i degiac Marù Arram, Destà Behrè di Debrì, Sahalè Hailemichael e Liberi Hallù — e fra quelli di ras Cassa i degiac Uorchenè, Cibudiè e Ghebrè non meglio precisati. Nel Rubà Dorò, cioè in posizione intermedia fra Melfà ed Abbi Addì, avevano disposto le loro imponenti forze Hailù Kebbedè, che in questo sito aveva un imponente ricovero in roccia, ed il bigerondi Latibelù, il quale ultimo aveva concentrato in quel punto le sue truppe normalmente gravitanti su Enda Mariam Quorar (3).

Mentre un così cospicuo successo si delineava e quindi si raggiungeva, in alto la colonna Buttà — la quale tra la sera del 19 ed il mattino del 20 nel settore di Uarieu aveva snidato elementi nemici infiltratisi negli ultimi giorni sull'Amba Carnali — inizia lo stesso giorno 20 il movimento at traverso le alture a ferro di cavallo di Addi Bacbà alle cui pendici giunge verso sera.

Nel contempo, con quell'armonica connessione di sforzi minutamente predisposta, un'azione dimostrativa a breve raggio è svolta dalla colonna Diamanti su la valle pianeggiante del torrente Cinì, da noi detto Beles, che si stende tra il passo dì Uarieu ed il Debra Amba. Questa per tutta la giornata del 20 attrae così ed impegna un certo numero di nemici, principalmente provenienti dall'occidente, ove con numerosi fuochi bivaccavano a sera sullo Tzetzerè, mantenendo — erano in massima parte paesani accorsi al chitet di ras Sejum — contegno passivo.

L'azione riprende su tutto il fronte del Tembien il mattino seguente.

Gli eritrei avanzano alle 7 verso monte Lata, che trovano sgombrato già dalle ultime ore della notte; giunge su questo monte, che domina Melfà, verso le ore 9 il generale Dalmazzo col gruppo Scotti, e lo raggiunge col resto delle truppe della divisione il generale Vaccarisi prima di mezzogiorno. La colonna Buttà lungo l'aspra mulattiera di Abbà Salamà intanto raggiunge la cresta, passando a sud del monte Cnit e prende contatto a vista, dopo il mezzogiorno, con la brigata Dalmazzo, che le manda incontro un battaglione, il XXI, in collegamento.

Frattanto grossi contingenti delle truppe di ras Cassà e di ras Sejum sotto la pressione degli avvenimenti si ammassano alquanto ad ovest sul monte Tzellerè, sul Debrà Amba e lungo la valle del Tonquà — intorno insomma ad Abbi Addì — spingendosi in parte anche al di là, fino a Begà ad una ventina di chilometri ad occidente. Mentre sulla zona premuta dalle truppe indigene verso Enda Mariam Quorar rimangono contingenti del bigerondi Latibelù, di Hailù Kebbedè e di qualche sottocapo di ras Sejum.

È il momento in cui mentre sull'altipiano il gruppo Buttà si spinge verso il Debrà Amba – e giunge alle pendici occidentali presso il luogo segnato nelle carte come monte Meberrò – il comando di corpo d'armata ordina al generale Somma di spingere su Abbi Addì la colonna Diamanti, per riprendere la sua azione dimostrativa della vigilia, interrotta nella notte, agganciando il grosso del nemico; poco dopo cioè il mezzogiorno del 21.

(1) Ecco i ritmi relativi ai tre diversi appelli:

Ghebib = tributo = obbedienza (in quanto il tributo è la forma più squisita del riconoscimento di sovranità): ˘˘ / ˘˘ / ˘˘ / ˉ ˉ

Ghibahà = raccógliti: ˉ ˘ / ˉ ˘/ ˉ ˘ ˉ ˘

Ugatà = combatti: ˉ ˉ ˉ / ˉ ˉ

(2) – 3° e 7° gr. btg. della 2ª div. eritrea con 4 batterie (col. Scotti e col. Tracchia) 6° gr. btg. della 1ª div. eritrea con 1 batteria (t. c. Galliani)

    125° btg. della 116ª legione CC.NN. 28 ottobre (seniore Vernassa)

    116ª Bt. someggiata legionale

1 cp. del 116° btg. della 116ª leg. CC.NN. 28 ottobre

2 sez. CC.RR. del c. d'a. eritreo

2. – 180ª leg. (meno 1 btg. e cp. mtrp) della 28 ottobre

180ª Btr. someggiata legionale (console Biscaccianti)

II btg. mtrp. della 28 ottobre (seniore Caorsi)

    IV e II btg. 1° gr. CC.NN. d'Eritrea (sen. Valcarenghi e Sezanne)

    II btg. eritreo (maggiore Angelini)

Il gr. cann. da 65/17 (della 28 ottobre) (t. col. Cecconi)

6° gr. autocarrellato da 77/28 (6 pezzi) (maggiore Lo Cascio) [Artiglierie divisionali t. col. Seghetti].

Un totale di 5 btg. - 5 btr. - 4 cp. mtrp.

1. - 4° gr. batt. eritrei (IX e XVII btg.) (capitano Pignatelli)

174° btg. CC.NN. della 180a legione della 28 ottobre (sen. Vicentini). Ufficiale di collegamento cent. Alessandrini.

una cp. mtrp. della 180ª legione id.

una btr. da 65/17 del gr. cannoni id.

(3) Le truppe di Hailù Kebbedè erano dell'Uagh, cioè dei dintorni di Socotà. Non è precisata la posizione delle truppe di degiac Admasù Burrù, capo del Jegiù, con truppe Amhara e di quelle tigrine di ras Sejum, agli ordini dei sottocapi Uodagiò Alì, Mellac Gbennet, fit. Cbinsiè e fit. Bisset.

IL COMBATTIMENTO DI MAI BELES

Limitando ai roccioni di Daran distanti circa 5 chilometri dal ciglio del passo Uarieu e compresi nel raggio tattico della difesa l'obiettivo della colonna, il generale Somma dispone l'intervento delle artiglierie divisionali; queste, parte in posizione sui roccioni di Scimarbè parte al seguito sul Beles, appoggiano l'azione con raffiche di fuoco sui bersagli che si delineavano alle pendici meridionali dell'Uork Amba e verso Debrà Amba e Abbi Addì.

Il movimento – svolgendosi con ritmo continuo secondo le finalità che doveva conseguire – portava il battaglione avanzato (IV) a snidare alle ore 14.15 forze nemiche numerose dal primo roccione di Daràn. Il nemico s'impegna decisamente; interviene nel combattimento anche l'altro battaglione della colonna. Alla notizia che sull'altipiano il movimento degli indigeni è arrestato, il generale Somma, ntanto, ordina il previsto ripiegamento della colonna sulle posizioni di partenza. E questo si inizia poco dopo le 15 a scaglioni, lentamente e sotto la protezione del fuoco di artiglieria che crea uno sbarramento tra la testa delle colonne nemiche e le nostre truppe. Ha principio allora la fase culminante del combattimento.

Benchè ordinato calmo e fronteggiante, il ripiegamento determina un fulmineo afflusso ed uno slancio baldanzoso degli abissini; dallo Tzezerà puntano sul fianco altre forze integrate da numerosissimi paesani più o meno armati e più o meno sottomessi, in cui la sciocca idea di considerare già disfatta la colonna che ripiega, sviluppava un frenetico ardore di razzia. Ma anche sotto una pressione accresciuta smisuratamente i battaglioni ripiegano combattendo sulla piana del Beles, nella quale dal Debrà Amba si erano rovesciate altre forze numerosissime. Una forte colonna nemica scende anche dalle pendici del Uork Amba verso il sud per attaccare i battaglioni ripieganti. Ma questi, protetti dall'aggiustato fuoco di artiglierie e mitragliatrici, giugono in perfetto ordine fin verso il ciglio tattico del passo.

Qui avvengono le perdite maggiori della giornata che su 48 ufficiali e 1.484 uomini dei due battaglioni Diamanti, vide cadere 15 ufficiali morti e 9 feriti con 310 CC.NN. morte e ferite. Fine eroica degna della sua vita di patriota e di asceta incontra il cappellano padre Reginaldo Giuliani reduce fiumano. Il tramonto delinea le ombre ingigantite dei nostri in tragica mescolanza di corpo a corpo con gli abissini, mentre le fiammelle della fucileria punteggiano la breve dorsale. Intervengono col fuoco un battaglione eritreo schierato fin dalla mattina sulla cortina per costituire un fianco difensivo sulla de stra, e una compagnia di mitraglieri pesanti arditamente tolta al presidio del generale Somma e schierata alla sinistra. Il capo di stato maggiore della divisione – tenente colonnello Luigi Bonfatti - personalmente riordina e consolida sul ciglio la reazione più violenta, mentre i mitraglieri con incomparabile bravura rovesciano un fuoco infernale sacrificando, su di una forza di appena 400 uomini, 2 ufficiali e 85 CC.NN. morte e 3 ufficiali e 45 CC.NN. ferite, tra cui il comandante stesso seniore Caorsi; figura leggendaria di eroe, questi ferito continua a combattere imperterrito per quattro giorni, presente dovunque il crepitio delle sue armi lo richiamasse saltellante sulla sua gamba zoppa.

Feriti materiali muli rifluiscono ordinatamente con le truppe nelle posizioni. Ma queste sono già attaccate da più lati. Con un sincronismo che potrebbe essere invidiato anche da chi dispone di collegamenti perfetti, artiglieria nemica, mitragliatrici e gruppi di fucilieri ben appostati avevano infatti verso le ore 14.20 attaccato di rovescio dall'Uork Amba le posizioni del passo Uarieu, aprendo un fuoco tenace ed intenso, dal quale un vecchio e valoroso soldato, il maggiore Presti, che collegava il fortino col comando di divisione, aveva subito dedotto un'insolita ricchezza di munizionamento. Le posizioni, quando accoglievano le colonne in ripiegamento, crepitavano di una fucileria infernale da circa quattro ore. Sistemate le truppe nei rudimentali ridotti ed in piccole posizioni periferiche, carabinieri scritturali piantoni attendenti soldati della sussistenza, tutti trovano un loro posto in linea. A notte rientrano anche gli artiglieri del gruppo cannoni. Questi avevano dovuto abbandonare alcuni pezzi sullo Scimarbè e nel piano del Beles, asportando però l'otturatore per renderli inservibili al nemico e dopo aver sparato a zero e sin all'ultimo shrapnell. Invano avevano tentato per un tratto di trascinarli a braccia essendo i pochi muli disponibili – la peste equina aveva fatto strage nelle ultime settimane – già avviati, sembra, al rifornimento munizioni.

Dagli elementi raccolti durante lo svolgimento stesso della battaglia – per mezzo di informatori riusciti a penetrare nelle linee nemiche, di ascari mussulmani di Cheren caduti in mano degli abissini e riusciti a sfuggire, nonchè dai prigionieri – e integrati dopo la vittoria del febbraio, risulta con evidenza il concatenarsi degli avvenimenti.

La mattina del 21, quando gli abissini come s'è visto abbandonavano completamente il monte Latà e i dintorni immediati di Melfà, il nemico si manteneva in forze su Enda Mariam Quorar e sull'altipiano e i suoi valloni. E quivi attacca tenacemente con forze preponderanti le truppe della colonna Buttà, inoltratesi dal Cnit a mezzogiorno del 21 verso il Debrà Amba oltre il monte che la carta chiama Meberrò. Impegnata fino a tarda sera, la colonna Buttà si può volgere sul Latà a congiungersi con le truppe del generale Dalmazzo soltanto a notte iniziata.

Da qui il comando del corpo d'armata fa ripiegare truppe Dalmazzo e colonna Buttà nella notte (21-22) per Zeban Kerkatà sul passo Abarò, ove già in serata si era trasferito il comando con le riserve ed il comando della 2ª divisione con l'altro gruppo Tracchia. In questa giornata, su questo settore gli aeroplani forniscono di munizioni le truppe in combattimento; motivo nuovo e interessante che per il suo carattere appunto di novità ed interesse erroneamente è riferito in talune narrazioni ad altri episodi e settori di quelle giornate.

Ma mentre tutto ciò avveniva sull'altipiano, lo sforzo principale del nemico si era intanto concentrato e rovesciato sul passo Uarieu ed il Belès. Quivi, contro di noi, s'impegnavano nel pomeriggio e verso sera del 21 le forze di ras Cassà coi degiac Admasù Burrù, Averrà e Uonduossen Cassà e tutte o quasi tutte quelle di ras Sejum, avendo ritenuto favorevole l'occasione per condurre a fine lo sfondamento di questa posizione e aprire, infine, la via su Hausien. Sembra che la sera del 21 ras Cassà sia venuto all'Uork Ambà a rendersi conto dell'investimento delle posizioni, alla cui direzione lasciava il suo figliuolo Uonduossen. Poco dopo insieme con ras Sejum egli festeggiava con banchetti e grande e rumoroso *fecherà* la presunta vittoria e l'arrivo di un primo benchè piccolo contingente di soccorsi di ras Mulughietà.

Circolava fra gli armati la notizia che presso il negus, il quale li avrebbe rimproverati di aver anticipato l'attacco senza attendere la concentrazione delle forze provenienti da Amba Alagi, i due ras si sarebbero giustificati affermando di aver voluto approfittare dell'occa-sione che passo Uarieu era scarsamente difeso per impadronirsi della strada per Hausien, la quale nelle truppe era considerata obiettivo delle operazioni. Ma altri più verosimilmente dicevano che di fronte alla vasta offensiva su così ampio fronte e l'insuccesso nel Kerkatà, i ras avrebbero preferito ritirarsi senza impegnare le truppe; l'iniziativa dell'attacco sarebbe venuta da alcuni sotto capi i quali, contando sulla loro schiacciante superiorità numerica, non volevano lasciarsi sfuggire una così propizia occasione. Una volta cominciato il combattimento anche i ras lo avrebbero assecondato – un prigioniero narrò di aver visto ras Cassà sulle pendici di Debra Ambà in mezzo a un semicerchio di mitragliatrici leggere – il che è avvenuto parecchie volte nelle guerre abissine; fra l'altro, com'è noto, nel 1895 ad Amba Alagi.

Comunque se ras Cassà dirigeva al negus un telegramma di piena vittoria – che fu la base di un noto comunicato da Addis Abeba e fu più tardi ritrovato nel quartier generale di Abbi Addì – la situazione non gli appariva certo chiara. Egli insisteva infatti per aver aiuto di truppe leggere da ras Mulughietà che avrebbero dovuto rafforzarlo entro il 22.

Ma queste non giungono quel giorno che in numero sparuto; a quanto sembra, di appena 300 cavalieri galla. Avranno trattenuto Mulughietà dall'inviarne di più, oltre quel veramente barbarico contrasto fra i capi che fa perdere la visione di un comune interesse, anche e sovratutto l'attività improvvisamente spiegata dal nostro comando superiore nel settore di Macallè.

Quivi dopo oltre due mesi e mezzo di apparente inazione, il maresciallo Badoglio ordinava infatti il 19 gennaio – in connessione con le azioni nel Tembien – la rettifica della linea con l'occupazione del villaggio di Debrì, già teatro della triste imboscata dei primi di dicembre.

Affidata alle CC.NN. della "23 marzo" agli ordini del Duca di Pistoia e ai fanti della divisione "Sila", quell'operazione incontra una vivace resistenza nemica che si manifesta con contrattacchi anche il giorno seguente. Tuttavia si compie regolarmente, portando al perfezionamento della linea intorno a Macallè con l'occupazione di posizioni direttamente sul Ghevà; ma quel che più conta impegnando il nemico per tre giorni e tenendolo in sospetto di maggiori movimenti e poco disposto a trasportare, attraverso le sue felici linee di manovra interna, altre forze sul settore della nostra azione principale.

INVESTIMENTO DI PASSO UARIEU

L'investimento delle posizioni di Uarieu iniziato dopo due giorni di combattimenti esterni si protraeva tre giorni senza che la notte apportasse alla sua violenza interruzione od attenuazione rilevante.

Le masse nemiche potevano infiltrarsi da ogni parte anche tra i vari elementi della difesa, favorite dal terreno che attraverso le sue pieghe innumerevoli e la fitta boscaglia spinosa permette tutte le insidie, mentre ostacola un proficuo impiego di artiglierie ed armi automatiche. L'Uork Amba e lo Scimarbè, che fiancheggiano a strapiombo il passo, mentre sono accessibili dal rovescio, occupati da nugoli di armati e paesani divennero nido anche di piccole artiglierie e di armi automatiche. Esse battevano in pieno con fuoco in cessante il breve spazio delle opere lasciate dagli indigeni, febbrilmente adattate ad un presidio ristretto nei giorni precedenti all'azione e subito dopo l'investimento.

Con esatta valutazione del soverchiante straripare delle forze nemiche e tenendo nel debito conto la loro tenacia nell'attacco, la barbarica baldanza e le impossibilità di un pronto arrivo dei rinforzi, il generale Somma innanzi tutto esigeva una disciplina rigorosissima del fuoco delle mitragliatrici, delle artiglierie e dei moschetti. "Ogni colpo sia indirizzato ad un bersaglio; considero un delitto contro la patria consumare le munizioni senza ragione", telefonava nelle prime ore della sera ai reparti. Anche persone di scarsa sensibilità militare sarebbero rimaste ammirate dalla calma disciplinata di fuoco mantenuta dalle CC.NN. giorno e notte sotto la pressione insidiosa. Colpi misurati di artiglieria su obiettivi ben precisi ed indiscussi, raffiche brevissime di mitragliatrici, fucileria di colpi isolati e studiati. All'arrivo dei rinforzi dopo tre giorni di difesa il presidio poteva vantarsi di possedere in tal modo una parte rilevante del suo munizionamento, che pure era già intaccato nei combattimenti dal 18 al 21. Mentre il nemico restava disorientato non solo perchè forse indotto da tanta parsimonia di colpi a credere che i difensori scarseggiassero di munizioni, ma ancora perchè veniva a mancargli quella specie di eccitazione che crea nel suo animo barbarico il rumoreggiare della battaglia.

L'audace segreto animatore del generale Somma – a parte il dominio dei fattori morali sapientemente stimolati – fu la sua aggressività di fuoco e di moto. Non appena veniva segnalato in qualche riposta piega del terreno un addensarsi di gruppi nemici, ecco a scompigliarli uscire in ordine di battaglia una compagnia o un plotone, rovesciando un fuoco infernale per far quindi ritorno alle posizioni, sotto una predisposta protezione di artiglieria e di mitragliatrici pesanti a tiro indiretto. Da ciò perdite notevoli al nemico, inciampi ai suoi disegni, ma sovratutto ai difensori una consapevolezza di iniziativa, un senso di libero respiro atto a diradare potentemente il senso negativo di una difesa entro piccole opere quasi sguarnite.

La cronaca della giornata di Uarieu è ricca di potente poesia patriottica. Oltremodo interessante sarebbe il seguire il succedersi degli attacchi nemici, che quasi ininterrotti dal tramonto del 21 a tutto il 24 raggiunsero il culmine nella giornata del 22; la partecipazione efficace degli apparecchi da bombardamento − specie quella del mattino e del pomeriggio del 22 − che comprimevano durante il tempo di loro voli la violenza degli attacchi e mitragliando e bombardando seminavano sulle forze nemiche la morte e lo scompiglio; i particolari della reazione manovrata delle sortite in forze e dei combattimenti cui essa dava luogo.

Coraggio mobilità aggressività tenacia spirito sgombro da ogni preoccupazione, resistenza morale delle CC.NN. rifulgevano in tanti episodi in mille sfumature. È grave il rischio di sciupare narrando tanta ingenua bellezza. La disinvoltura con cui si svolgeva la vita nel breve spazio battuto da ogni lato e in ogni momento dal petulante scoppiettio delle armi di precisione, fra uno stillicidio sanguinoso di perdite. La semplicità dei reparti che muovevano alle azioni esterne, la richiesta di carabinieri, soldati delle salmerie, attendenti di parteciparvi. La freschezza di discorsi umili e disinvolti. Nel buio della notte un ferito dalla sua barella allo scoperto commenta la fucileria ed i suoni di corno abissini tra la boscaglia, commiserando il nemico per il macello che sarà fatto l'indomani; fra un ridacchiare lieto di un gruppetto di artiglieri sdraiati, una pura voce quasi infantile ripete nella più schietta parlata siciliana l'equivoco di *Giufà*, quando diceva di essersi strappata una *janca* − un dente − e fu creduto mutilato di *un'anca;* un bel *tipo* apponeva all'osservatorio del comando un cartello: *chi non ha altro da fare tappi i buchi*, con un'umoristica allusione alla assai approssimativa struttura del muretto; ed un altro, acquisito come *Berta* il 42 che ci sparava dall'Uork Amba, dirigeva lazzi e sberleffi ai suoi colpi.

Ma è specialmente dalla sofferenza della sete − sotto un sole torrido e tra il polverone sollevato dai movimenti delle truppe angosciosamente addensate in breve spazio e dai lavori di completamento che si venivano compiendo nel fortino − che è balzata piena e robusta la figura del legionario in combattimento.

Era stata preveggenza del generale Somma dall'arrivo nella posizione all'inizio dei combattimenti, mettendo in opera ogni recipiente di fortuna − dalla ghirba di tela al bidone per benzina − di costituire una riserva di circa 1.200 litri di acqua. Tremila uomini per quattro giorni attinsero ad essa meno che l'indispensabile, riservando tutto il necessario ai feriti. Ma non scene selvagge alla distribuzione, non esplosione di egoismi primigeni, non allentamento nella consapevolezza del dovere patriottico e militare. Si videro giovani in deliquio, altri buttarsi a succhiare fango sotto una bottiglia infranta, altri ricorrere per reminiscenza di dannose letture a più ripugnanti ripieghi. Ma si videro anche i mitraglieri con la lingua grossa e gli occhi lustri lasciare intatto il bidone di raffreddamento della loro arma. E − insuperabile e commovente bellezza della civiltà italiana forte ed umana − si vide ancora il milite che sembrava dardeggiasse di oscure occhiate minacciose il prigioniero ferito, soccorrerlo per contro della preziosissima acqua della sua razione.

Marinetti − che quelle giornate ha intensamente vissute, combattente fra i combattenti − ha narrato con grande vivacità, di questo singolare assedio e della sua spiritualità fascista, episodi complessi e commoventi.

INDOMITA TENACIA

Le fonti del passo Uarieu non sono a meno di sei chilometri di pista boscosa e difficile dalle posizioni attaccate, e sgorgano ai piedi del roccione di monte Pellegrino.

Nel sistema di nudi blocchi d'arenaria rossa e bluastra, fra cui domina il monte Carnalè col suo doppio corno smerlettato, il Pellegrino rappresenta l'ultimo elemento verso la pianura. A settentrione e ad occidente le sue pendici filtrano acqua perenne al cui contatto, potenziato dalla calura della vasta vallata, irrompono da ogni parte alberi colossali, sicomori palmizi muse sottobosco densissimo muschi licheni felci, liane rampicanti in tutti i sensi e piante pensili da ogni dove, un groviglio di forme larghe e sottili semplici e martoriate, in una gamma dì verde uno più vivace e fresco dell'altro, con un prevalere di fioritura azzurra, fra gridio di uccelli e ronzio di insetti, misteriosa e molteplice voce vitale. Violenta realtà al cui cospetto impallidisce tutto quello che abbiamo immaginato di più lussereggiante sulle vecchie precise stampe ottocentesche sulle fotografie sulle pagine più colorite dei viaggiatori.

Il nemico certamente contava che la difesa si inducesse a raggiungere codeste fonti e la sera del 22 avvolse le posizioni di un silenzio il quale, perchè improvviso ed assoluto, non mancò di rilevarsi per quello che era, un invito a cadere nell'agguato. Ma il generale non si lasciò attrarre. Era soltanto da un aiuto esterno che poteva perciò essere risoluto il problema dell'acqua, il solo problema della difesa, essendo assai meno assillante come si è detto quello delle munizioni.

Il comando del corpo d'armata eritreo a mezzanotte circa del 22 assicurava che nella giornata seguente sarebbe giunta ad Uarieu una colonna di rinforzi. Al generale Vaccarisi veniva infatti in quel momento affidato il compito d'onore di soccorrere camerati così decisamente assaliti, conducendo tempestivamente in aiuto alcuni dei battaglioni già operanti nell'altipiano i quali, rientrati nella giornata del 22 alle posizioni di partenza del passo Abarò, muovono all'alba del 22 verso Uarieu.

Nel pomeriggio del 23 un messaggio di S. E. Badoglio lanciato da un apparecchio ai combattenti dei passo Uarieu preannunzia l'avvicinarsi delle truppe ed elogia la difesa: *Vaccarisi è vicino. Coraggio mio Somma. Resista e la vittoria sarà nostra. Le camicie nere scrivono una pagina magnifica.* Acclamazioni di gioia e di fede accolgono la lettura del messaggio, che dà ad ognuno la sensazione precisa del còmpito d'onore affidato ai difensori del passo.

La gravità della minaccia che la tenace pressione dei potenti eserciti di ras Cassà e di ras Sejum costituiva per tutto il nostro schieramento offensivo, era stata infatti prontamente percepita dal maresciallo Badoglio. Questi, mentre predisponeva un rinvigorimento della seconda linea., avviando su Hausien i due battaglioni nazionali di alpini e granatieri, si teneva pronto a Macallè ad ogni evenienza. Ma fidava ancora nella dedizione al dovere delle truppe di Uarieu e nella capacità del generale Somma. Nè invano.

La tenacia della difesa, al cadere del secondo giorno dell'investimento, comincia a disorientare infatti il nemico. La sera del 23 stesso da vari indizi il comandante considera la situazione come in via d'esser normalizzata e sollecita non aiuti di uomini ma soltanto acqua e munizioni. Permane infatti l'impossibilità di rifornirsi alle fonti; mentre è sempre sulla scarsezza dell'acqua che per fiaccare la resistenza inopinata del passo conta il nemico, il quale fallito l'agguato s'appresta ad altre oscure manovre.

Nella giornata del 23 le infiltrazioni verso il Pellegrino ingrossano con provenienza sia dall'Uork Amba che dallo Scimarbè; si mira evidentemente ad attaccare con le sorgenti le posizioni superiori del monte predisposto a forte difesa ma scarsamente presidiato, ove erano depositi di materiali e salmerie. Nella notte sul 24 uno speciale suono di trombetta dal campo nemico annunzia l'arrivo di un importante capo. Si trattava di grasmac Beleu Destà, sottocapo fidatissimo di ras Cassà, incaricato di dirigere appunto quelle operazioni; ma egli cade travolto da una delle sortite mattutine del 24.

Intanto la colonna Vaccarisi rapidamente passata attraverso la penosa mulattiera di Abarò e già avvistata la sera del 23 verso Addì Zubbahà, coi lontani chiarori non manca di influenzare le ultime manifestazioni della combattività nemica; l'indomani è avviato verso il monte Pellegrino un gruppo di battaglioni eritrei col XXIV di avanguardia, accompagnato dal capo di s.m. della divisione indigena, tenente colonnello Zuretti, che poco dopo nella battaglia di Mai Ciò doveva lasciare la vita nel compimento eroico del proprio dovere.

Escono dalle posizioni di Uarieu due compagnie con mitragliatrici pesanti, s'inizia un tiro organizzato. di artiglierie e viene così tra due fuochi dispersa le forza nemica addensata a nord del passo. Verso l'Uork Amba tra il pittoresco ballonzolare della sua orda galoppa in ritirata su di un muletto grigio un capo in mantello scuro. A mezzogiorno può partire la "comandata" di scorta all'acqua, che torna dopo circa tre ore. Sopraggiunge alle 17 il XIII battaglione eritreo di scorta ad una lunga carovana di viveri e munizioni.

Le infiltrazioni superstiti del nemico verso nord continuano a disturbare, e più ancora le sue postazioni d'armi automatiche sullo Scimarbè, dalle quali tirano ancora con violenza e pervicacia *Oerlikon* e cecchini; ma nella serata da nord e dall'alto, il XIII battaglione eritreo e gli artiglieri del gruppo cannoni con un nucleo di rocciatori Camice Nere avvolgono ed occupano lo Scimarbè, riconquistando i pezzi che subito riaprono il fuoco. Primo loro obiettivo la distruzione degli affusti dei tre cannoni che la sera del 21 erano rimasti senza otturatore nel piano del torrente Beles.

Il mattino seguente vede la situazione del tutto ristabilita; si dà inizio allo sgombero sulla retrovia dei numerosi feriti, alla pietosa ricerca dei morti avanti alle linee.

Si concludeva così vittoriosamente la prima complessa azione di guerra della fronte settentrionale, di cui i combattimenti di metà dicembre avevano costituito il preludio. Mentre il nemico scosso per il fallimento dell'obiettivo strategico si induceva a far accorrere nella zona, benchè troppo tardi, notevoli rinforzi – coi sottocapi degiac Bejenè, Mescescià Uoldiè e Mangascià Ilmà – sottraendo parecchie migliaia di uomini alle truppe di ras Mulughietà che fronteggiavano Macallè.

Questi rinforzi non giungono che dal 5 al 7 febbraio, ceduti per ordine del negus ma di malavoglia da Mulughietà; e il dissidio fra i due capi esce acuito da questo ritardo cui Cassà fa risalire il suo insuccesso di Uarieu, nonché dall'investitura del comando supremo del fronte eritreo che il negus finisce, sembra, col dare a Cassà come temperamento più calmo e arrendevole del ministro della guerra. Mentre riescono inutili al Tembien, queste truppe dei tre degiac indeboliscono in un punto delicato il sistema stesso dello schieramento avversario, perché si tratta di forze sottratte al collegamento tra le due masse dell'Endertà e del Tembien. Il maresciallo Badoglio genialmente precostituiva in tal modo un elemento per la sua grande battaglia dell'Aradam.

La sera del 25 gennaio gli Italiani, che già nel comunicato n. 104 leggevano di aspri combattitimenti in corso sul fronte eritreo nei quali era "particolarmente impegnata una divisione di CC.NN." apprendevano (com. 106) che "l'indomito valore" della "28 ottobre", resistendo alle notevoli forze nemiche aveva fiaccato il piano avversario di forzare Uarieu; mentre un telegramma del Duce poneva all'ordine del giorno della Nazione le truppe partecipi.

Il più degno il più ambito premio ai combattenti.

CRITICHE E SUCCESSO

Un'operazione militare di così vasta risonanza, la prima del fronte nord, e che era costata un tale numero di caduti nazionali – si tratta di ben 274, cioè oltre un sesto delle *perdite totali* della guerra – non poteva non suscitare critiche. Se anche esse non hanno finora trovato eco autorevole, è bene discuterle.

La prima e fondamentale investe la natura stessa di tutta l'operazione. I comunicati del negus e le corrispondenze dal fronte nemico insistevano che si trattasse di una nostra offensiva d'iniziativa che, dopo il preteso insuccesso, il nostro comando avrebbe tentato di far passare come azione preventiva. "Dopo due mesi di preparativi – comunicava infatti il negus non senza una goffa intenzione d'essere pungente e satirico – il generale Badoglio mi ha attaccato ed ecco i risultati"; e qui le iperboliche cifre di nostre perdite di uomini e materiali e la constatazione di nessun progresso territoriale.

A questa affermazione nemica non è lecito contrapporre documenti particolari; ma conviene considerare – non vogliamo qui trarre argomento dai dati informativi – come da quando l'esercito di ras Cassà s'era riunito sul Tembien con le forze di ras Sejum, la pressione contro le nostre linee era stata costante e dopo averci indotto ad arretrare da Abbi Addì e da Melfà, non accennava affatto a diminuire. I movimenti tumultuosi di armati che specialmente dai nostri osservatori di Addì Zubbahà era possibile seguire a vista, non meno del notturno rullar dei tamburi nel campo di Zevandàs, mostravano un'incessante attività del nemico, la quale non poteva non significare che il proposito di rompere il nostro schieramento al centro "per prendere il Tigrai di fianco" manifestato nella nota lettera di ras Sejum, veniva concretandosi in quei giorni su questo punto. Mentre il primo contatto fra gli ascari della seconda divisione e il nemico, il mattino del giorno 20 gennaio nella valletta del Rubà Uoinì, è da tutti i testimoni descritto come un tipico combattimento d'incontro.

Non sarà perciò facile, anche ad una critica molto diffidente, dimostrare che le operazioni su Melfà non mirassero a prevenire un'offensiva abissina.

Non dal nemico ma dai nostri sono stati invece discussi i combattimenti del 21 gennaio sia nell'altipiano di Melfà che nella pianura del Belès. Specie questi ultimi che hanno infervorato gli ozi castrensi, per quella umana necessità d'esser severi verso chi ha avuto in sorte eccezionali fortune: in questo caso la "28 ottobre" illuminata dall'elogio pienissimo del Duce.

Accade talvolta che alcuni fra gli attori di qualche complessa azione militare, a mettere in assoluta luce l'operato dei propri reparti o a far risaltare maggiormente la bontà di qualche azione, credano utile calcare qualche elemento positivo o negativo e immaginare che più brillanti sarebbero stati i risultati meno gravi i sacrifizi se si fosse verificata una certa iniziativa, o non si fossero dati alcuni ordini e altri, invece, ne fossero intervenuti. Visioni e considerazioni – sia detto in senso benevolo ed elevato – sempre frammentarie, in quanto ineluttabilmente basate sulla conoscenza soltanto di taluni fatti e una scarsa possibilità di dominare il loro complesso; ma soprattutto ispirate al pregiudizio che l'elogio del combattente non riesca pieno ove la lode non sia esclusiva. Anche nel caso della prima battaglia del Tembien è venuta fuori, così, qualche riserva che ha diffuso qua e là un senso di incertezza su questi combattimenti che, in ultima analisi, diminuirebbe nettamente anche il merito di coloro che chiedono tutta per un reparto o per l'altro la gloria.

Si discute essenzialmente della circostanza che la colonna Diamanti fosse stata spinta fin sui roccioni di Daràn. E, nei riguardi delle truppe dell'altipiano, si ricerca perché mai, dopo essersi insediate nella mattinata del 21 sul monte Latà, non si siano spinte ad occidente sul Debra Amba in modo da congiungersi o comunque da alleggerire la pressione sulla colonna Diamanti, che nel contempo avanzava verso i roccioni.

Chi pensa però ad un'avanzata da monte Latà su Debra Amba nella giornata medesima, non tiene alcun conto né della complessa struttura del terreno intermedio né della massa di armati nemici che v'erano annidati. Il movimento della colonna Buttà su quella direttrice, incontrava infatti il tenace contrasto di cui si è già parlato.

Quanto alla colonna Diamanti questa si limitò a puntare e pervenire sui roccioni di Daràn, vale a dire non oltrepassò i 5 chilometri dalla base, sulla sua direttrice di Abbi Addì e mantenne la sua azione costantemente entro il tiro utile delle artiglierie di passo Uarieu. Mentre la sua ritirata, tempestivamente ordinata, fu compiuta con ordine e con bravura per oltre 4 chilometri, e fu premuta dal nemico da vicino solo nell'ultimo tratto.

Ma ciò che principalmente conviene opporre alle critiche è il fatto che, pur tra perdite dolorosissime − quali erano purtroppo inerenti alla vastità dell'azione, alla massa ingente del nemico accorrente da ogni parte ed alla sua estrema combattività − il risultato finale cui le azioni dei vari settori concorreva non può comunque esser dichiarato che favorevole.

La sanguinosa impresa degli ascari sulla zona di Zeba Kerkata-Melfà da un canto, e l'agganciamento operato dalle eroiche CC.NN. di Diamanti al Belès, spingevano infatti il nemico con inaudita violenza e tenacia al blocco delle opere del caposaldo di Uarieu, per attuare su questo punto il piano operativo certamente cospicuo di infrangere l'unità del nostro schieramento strategico. Ma quivi la difesa ferma e inflessibile della "28 ottobre" organizzata con sapiente manovra di tutti i mezzi materiali e morali da un comandante della capacità e dell'energia del generale Somma, stroncava l'invasione. E in questi fatti è la vittoria.

Veniva infatti dal bilancio delle perdite sull'altipiano e dalla indomita resistenza di passo Uarieu, episodio culminante dell'azione, sparso un pessimo seme per un nemico baldanzoso all'urto, ma facilmente indotto allo sgomento. E l'insuccesso del tenace attacco contro posizioni agonate e ritenute facile preda andava oltre il significato locale.

Da questa posizione il comando superiore trarrà elementi per i suoi piani d'imminente battaglia decisiva.

LA SCONFITTA DI RAS CASSA'

APPRESTAMENTI A DIFESA

Mentre gli avvenimenti del Tembien offrivano al maresciallo Badoglio nuovi dati sui quali rifinire il progetto della grandiosa manovra che, in un rapido succedersi mirabile di battaglie regolate come sulla carta, doveva infrangere la resistenza abissina, il presentimento della battaglia decisiva si propagava fra i reparti.

Non v'era che un timore, quello di poter rimanere in disparte, nell'ora del cimento definitivo; timore invero assai diffuso perchè tutti intuivano che lo sforzo principale si sarebbe avuto sul settore di Macallè, ma nessuno imaginava la vastità che le operazioni avrebbero assunto. Nessuno sopratutto nel Tembien ove numerosi indizi davano impressione d'esser passati ad una fase decisamente difensiva.

L'eco della battaglia di gennaio era infatti ancora vivissima quando la linea di tappa Hausien Addì Zubabà passo Uarieu veniva rinvigorita di truppe e munita di vari apprestamenti difensivi, mentre nei magazzini s'ammucchiavano i rifornimenti. Il passo di Abarò, sotto la personale direzione del vice-comandante della "28 ottobre" generale Moscone, si muniva di fortini e reticolati apprestandosi ad una difesa ad oltranza. Nè diversamente il già invano tentato passo di Uarieu.

La nuova sistemazione difensiva di questo poggiava sui due fortini dei Leoni e di Lo Cascio, ormai collegati con lo Scimarbò, spalla rocciosa di sinistra che durante l'assedio aveva rappresentato in potere del nemico l'elemento di maggiore debolezza della posizione.

Sul fianco destro l'occupazione veniva estesa al così detto costone dei *cecchini* ove era subito tracciato e quindi costruito il fortino "Capparelli". Un altro forte era costruito verso il nord, in collegamento con le opere che includevano le fontane del Pellegrino, verso le quali la strada si veniva ampliando e rettificando. E tutto un sistema di ridottine nei punti più opportuni collegava la difesa, che a buon diritto poteva ormai venir definita un solido campo trincerato.

Chi fosse tornato ad Uarieu dopo un paio di settimane dall'investimento, non avrebbe saputo dissimulare un senso come di benessere e di fiducia, al vedere il complesso delle opere così radicalmente mutate.

Al posto delle piccole difese provvisorie, solide ed alte mura con torrioni e feritoie, rinvigorite da veri reticolati alti e profondi. Ogni opera riccamente fornita di munizioni, viveri ed acqua per almeno cinque giorni. Valutando col pensiero quanto diverse fossero le condizioni della difesa nelle epiche giornate dell'attacco, qualcuno finiva col pensare, anche se non lo esprimesse, che sarebbe stato divertente nelle nuove condizioni di forza poter sperimentare altri attacchi nemici.

Nel nuovo complesso della formidabile fortificazione non era inclusa la massa dell'Uork Amba, il poderoso e tipico monte bicorne che fiancheggia il passo ad occidente.

In tale caso, le opere avrebbero assunto infatti uno sviluppo assolutamente non commisurato alle forze di cui si sarebbe potuto disporre pel presidio, mentre il valore di quest'araba risultava limitato alla prova delle offese che dalla sua vetta, lontana chilometri in linea d'aria dai forti, erano pervenute al passo nei giorni del combattimento e dopo.

Appena ultimato nella sua linea essenziale l'apprestamento difensivo di Uarieu, il generale Somma studiava nondimeno i particolari di una eventuale operazione contro l'Uork Amba, considerata nel doppio aspetto di una integrale presa di possesso al fine di scacciarne il nemico e allo scopo limitato di stabilire nella cima un osservatorio.

Il generale dati i mezzi a disposizione escludeva la conquista generale dell'Amba e per un'operazione a scopo limitato, mirante cioè al possesso soltanto di una parte del fronte, orientava le possibilità da uno dei suoi estremi nord o sud, non essendo neppure da prendere in esame un attacco lungo l'impervia parete orientale; si atteneva quindi all'idea che l'occupazione si compisse da nord, in quanto il fatto d'essere. completamente padroni del terreno d'accesso da questa parte avrebbe reso possibile lo schieramento di artiglieria e il concorso degli altri elementi di fuoco dalle altre posizioni rafforzate del passo. Pensava che l'azione – da tentare di sorpresa – potesse affidarsi ad un battaglione spinto ad occupare il costone settentrionale verso il paese di Zebandas, mentre una cinquantina di rocciatori avrebbero scalato il corno corrispondente dell'Amba.

Progettata la possibilità e il piano dell'impresa, il generale Somma restava convinto che, nel quadro dell'offensiva generale del fronte nord allora in preparazione e nel quale rientrava l'avanzata dell'intero corpo d'armata eritreo verso il Ghevà, una siffatta occupazione parziale dell'Uork Amba risultasse priva di valore. Inutile anche ai fini della difesa di passo Uarieu, che per giunta con le nuove operazioni veniva a scuotersi del suo valore difensivo per la via su Hausien. Mentre poteva presentarsi onerosa di vite umane e offriva il pericolo di provocare, con l'accorrere di importanti forze abissine, azioni di più vasto raggio certamente non desiderabili per il momento, date le forze disponibili e l'addensarsi di sempre nuovi gruppi nemici nella zona interessata, inviati da ras Mulughietà per ordine del negus a rinforzare le truppe del Tembien.

È solo quando scocca la sua ora nel complesso della grande offensiva, che il comando superiore autorizza l'operazione sull'aspro monte. E questa avviene in base al progetto elaborato dal generale Somma, integrato con una corrispondente azione sul costane e sulla cima meridionale, in corrispondenza perfetta con l'altra azione prevista sul costone nord. Vengono predisposti i collegamenti, iniziati gli spostamenti delle batterie, e compiute ricognizioni dei comandanti di colonna e reparti rocciatori per la parte che li riguarda. La battaglia ha così inizio il giorno 27 febbraio.

Il suo sviluppo – come era stato previsto dal generale Somma – andava oltre l'obiettivo locale, determinando una vastissima e potente reazione avversaria che impegnò lungamente tutte le nostre forze assorbendo le riserve sin dalle prime ore; ma portò per la valorosa e tenace resistenza delle truppe operanti ad una completa sconfitta delle truppe nemiche dislocate fra Uork Amba e Debra Amba.

Il nostro attestamento di passo Uarieu fronteggiava l'Uork Amba, ove si annidavano le forze inviate da Mulughietà in soccorso di ras Cassa divenute truppe di prima linea: circa 20.000 uomini, principalmente Uollamo e Scioani al comando dei degiac Menghescià, Mescescià e, più autorevole di tutti, Beienè, vecchio e fidato guerriero, e qualche migliaio di locali. Mentre 12.000 uomini all'incirca, del grosso di ras Cassà tratto dallo Tzeladiè, Goggiam e Beghemeder, con le truppe di ras Sejum – non oltre 4.000 tigrini accorsi al *chitet,* intorno a qualche centinaio di regolari – stazionavano a circa 6 chilometri verso sud intorno ad Abbi Addì, sulle aspre montagne di bebra Amba e dello Tzellerè; e poco meno di 16.000 erano sull'altopiano di Melfà principalmente agli ordini di Hailù Chebbedè e del bigerondi Latìbelù.

Nel complesso circa 45.000 uomini con valutazione. sicuramente non inflazionistica, dei quali, secondo una verosimile proporzione stabilita su parecchi accertamenti, intorno a 30.000 armati (1).

(1) La dislocazione delle truppe dell'Uork Amba, come ha riferito il tigrino degiac Behrè Agos, che si è sottomesso tra i primi dopo la fuga di ras Cassa, era la seguente:

a) 12.000 del degiac Mescescià Uoldiè del Chimbatà, *rovescio dell'Uork Amba.*

6) 5.000 del degiac Bejenè dell'Uollamo, *Debra Ansa.*

c) 3.000 del degiac Mengbescià Ilmà del Sibù (capo di

S. M. di ras Mulugbietà) *Totaminò* dietro *Debra Ansa.*

d) 2.000 (zigrini) di degiac Admasù Burrù, Amarè Garasillassi, Behrè Agos, *Tzetzerà* e verso *Amba Ambarà.*

Le forze delle altre zone da varia fonte risultano :

a) 12.000 di ras Cassa, *Abbi Addì (Debra ambò).*

b) 5.000 dei degiac Hailù Kebbedè e Latibelù Gabrè,

volle del Tonquà.

c) 4.000 dei degiac Uonduossen Cassa e degiac Uorchenè del Lasta, *Melfà Enda Mariam Quorar.*

d) 4.000 di ras Sejum con degiac Marù, *Tiellerè.*

IL TEMBIEN E LA BATTAGLIA DELL'ENDERTA'

Nel grandioso quadro della decisiva battaglia ideata dal maresciallo Badoglio su tutto lo scacchiere nord non mancava un preciso disegno relativo alle operazioni del Tembien.

Lo schieramento offensivo dell'esercito abissino aveva subito negli ultimi tempi un lieve ma molto interessante mutamento. Anche ora due masse abissine, rispettivamente dei ras Mulughietà e Cassà, gravitavano su Macallè da una parte e sul Tembien dall'altra; mentre un altro esercito dallo Scirè fronteggiava Adua-Axum agli ordini di ras Immirù. Ma perdite e scoraggiamenti determinati dalla tenace battaglia di gennaio facevano assumere a ras Cassà un atteggiamento passivo; mentre l'infelice condiscendenza del negus nel far accorrere al richiamo di questi, dopo il combattimento di Uarieu, le truppe che diremo dei tre degiac di Mulughietà – le quali saldavano sulle loro posizioni intermedie del Ghevà l'esercito abissino dell'Aradam con duello del Tembien – aveva interrotto l'unità del caratteristico schieramento trasversale e impedito una qualsiasi possibilità di pronto riflusso tra le posizioni.

I tre degiac erano affluiti nel Tembien nei primi giorni di febbraio – dal 4 al 7 – pieni di baldanza e sicuri di riprendere l'offensiva su Hausien. Passando avanti ad Abbi Addì con spirito barbarico, truppe e capi agitando fucili e sciabole deridevano anzi l'esercito di ras Cassà, che non era riuscito nello sfondamento. Qualcuno dei capi urlava che per vincere erano necessari guerrieri come loro e non un *debrerrà,* che sarebbe a dire uomo di lettere, specialmente di lettere sacre, alludendo alle non pregiate qualità di cultura per cui andava noto ras Cassà.

Ma mentre a contatto con le opere di difesa del passo ormai divenute imponenti i bollori dei tre degiac svanivano, il loro spostamento nel Tembien rappresentava un prezioso risultato strategico dei combattimenti di passo Uarieu, che il maresciallo Badoglio dopo avere abilmente ottenuto metteva ora nel debito conto per delineare la battaglia dell'Endertà. L'ormai compiuto rafforzamento delle nostre posizioni nel Tembien e lo svuotarsi dello spirito offensivo dell'esercito di ras Cassà, consentivano intanto di concentrare nel settore di Macallè truppe e mezzi necessari all'offensiva.

Il giorno 10 febbraio, con potente schieramento dell'artiglieria di manovra, il I e II corpo d'armata attestano sulla sponda sinistra del Gàbat fuori dalle offese ed anche dall'osservazione del nemico. Era il tempo iniziale di quella vigorosa offensiva mirante ad attanagliare l'Amba Aradam, il massiccio sistemato a difesa che, facendo sistema con i costoni di Antalò-Debra Ailà, costituiva il fulcro delle posizioni di ras Mulughietà da cui erano dominate e protette le comunicazioni di araba Alagè e Socotà.

L'indomani le nostre truppe di sinistra avanzano a sud del Gabat e organizzano un caposaldo difensivo per le provenienze dal bassopiano, probabile direttrice di un eventuale contrattacco avvolgente del nemico. Il giorno 12 sono occupate le alture dominanti la piana di Buiè ed è investita l'Amba Aradam.

Il nostro tiro di artiglieria sconvolge le favorevoli posizioni del nemico; tra movimenti diversi e contrattacchi, soste di preparazione e di sistemazione difensiva, la battaglia porta il pomeriggio del giorno 15 le nostre colonne. a congiungersi dopo accanito combattimento sulla linea M. Boerà-Ogazen-Antalò, mentre il nemico ripiega bersagliato da tiri di artiglieria e bombardamenti aerei. Il tricolore è piantato dalle CC.NN. del Duca di Pistoia sulla cima dell'Amba, mentre un vero sfruttamento del successo è fatto dagli indigeni delle retrovie, che sì vendicano dei torti subiti dall'esercito del negus assalendo e predando i fuggitivi, pochi dei quali raggiungeranno i loro lontani villaggi. Destino riservato in Africa a tutti gli eserciti sconfitti.

Ma l'avere agganciato e volto in fuga il più importante corpo dell'esercito nemico, non arresta l'offensiva. Il III corpo d'armata agli ordini del generale Bastico - con la divisione CC.NN. "23 marzo" e la 1ª divisione indigeni ed elementi della Sila - punta dall'altopiano di Zalcabà su occidente. Genialissimo movimento con il quale il maresciallo Badoglio, mentre già affermava il successo sull'ala sinistra, mostrava di volerlo estendere avvolgendo le truppe del centro.

Le comunicazioni che gli aerei mandano mano a mano alle truppe in marcia, vengono chiarendo agli occhi dei comandi del Tembien, che temevano di dover rimanere inattivi e in pura difensiva, la geniale manovra. Con grande commozione si delinea il movimento del III corpo d'armata verso Gargarà e nel pomeriggio del 17 si segnala che, avanzando sulla conca di Gaelà, i nostri non incontrano resistenza. Poco dopo l'Amba Damascal, che domina il fascio di carovaniere al guadi principali del Ghevà, è raggiunta e le truppe risalgono verso il nord e occupano Addi Farris i] passo di Taraghè e, al di là del fiume, Dibbuk. La linea di operazioni dell'esercito abissino del Tembien é nettamente stroncata sia sulla direttrice di Amba Alagè che di Socotà.

Sui settori estremi della vastissima fronte l'avanzata generale, dopo qualche giorno di assestamento, riprendeva il mattino del 27 lo sbalzo. Dall'ala sinistra di Buiè su Amba Alagè e oltre, alle calcagna degli avanzi dell'esercito di Mulughietà, porta il tricolore a sventolare il 28 sull'aguzza punta che segna il passo memorabile, meta per tanti mesi della nostra passione. Sull'ala destra il II e il IV corpo rispettivamente mossi da Adua-Axum e da Tucul assumono schieramento di battaglia sotto il diretto comando del maresciallo Badoglio. Nel contempo al centro, muovendo da sud e da nord, il III corpo e il corpo d'armata eritreo iniziano il loro coordinato attanagliamento dell'esercito di ras Cassa.

Questi in seguito ad ordine di combattere ricevuto dal negus decideva, secondo è risultato dalle informazioni, di accettare la battaglia che da noi si attendeva, assumendo uno schieramento dal quale si ricava come – benchè ancora non pienamente consapevole della vera entità della sconfitta subita da Mulughietà – l'apparizione da sud delle truppe di Bastico lo preoccupasse. Infatti mentre lasciava immutate le forze a contatto di passo Uarieu, rivolgeva parte del suo esercito disposto intorno ad Abbi Addì a fronteggiare le provenienze da sud; si calcola appunto che facesse gravitare sull'Amba Tzellerè fino ad Enda Emanuel circa 7.000 uomini con ras Sejum il bigerondi Latibelù e il proprio figlio Uonduossen.

In telegrammi del 20-21 febbraio rivolti al negus e ritrovati nella sua radio abbandonata con altri preziosi documenti storici, ras Cassa propone all'imperatore o di ripiegare su Amba Alagè o di congiungersi con ras Immirù nella regione di Adua o di attendere il nemico, che "abbiamo circondato e ora ci circonda". Qualche giorno dopo chiede ansiosamente notizie dell'esercito di ras Mulughietà, domandando se sono gli armati del ministro della guerra "che fanno pressione sugli italiani oppure gli italiani che fanno pressione su loro". Evidentemente la voce della sconfitta, tenutagli segreta, cominciava a circolare e a turbarlo. Ben presto Cassa informa di essere pronto ad "incontrarsi con il nemico arrivato alle spalle e con quello che abbiamo di fronte" ed ormai tardivamente consapevole di non poter ricevere aiuti da Alagè, chiede almeno alle truppe di lí una azione dimostrativa "sparando con le artiglierie per impedire che le truppe di Macallè arrivino con gli autocarri a rinforzare il nemico". Ma l'idea della ritirata comincia di già a preoccupare ras Cassà, perchè chiede, ove niai non possa essergli assicurata la marcia verso ras Mulughietà da forze sufficienti dislocate nel Seloà, di poter ripiegare su Adua e congiungersi con ras Immirù.

In queste condizioni il maresciallo Badoglio delinea il piano di quella che doveva essere chiamata la 2ª battaglia del Tembien, nel senso di assalire in un primo tempo il nemico dell'Uork Amba e, una volta sgominatolo, proseguire su Abbi Addi con movimento coordinato del III corpo, in modo da chiudere in quel sistema le forze di Cassa e di Sejum.

Spettava alla divisione CC.NN. "28 ottobre", uscita appena dalla difesa ad oltranza di passo Uarieu, l'onore d'ingaggiare la partita definitiva contro il corpulento ras di Debra Marcos ed il suo ondeggiante collega Sejum. Con essa, nella più schietta e concreta fraternità, partecipavano al ciclo dei combattimenti, che si presentava interessante e decisivo e doveva dissolvere l'esercito nemico del Tembien, battaglioni di alpini e granatieri ed una aliquota non numerosa ma agguerrita e ben comandata di ascari. Seguivano in seconda schiera, per essere utilizzati come furono per gli sviluppi della battaglia ed il suo sfruttamento, gli altri gruppi di battaglioni ascari della 2ª divisione eritrea.

I ROCCIATORI DI POLO

L'Uork Amba, che verso passo Uarieu si presenta come un piatto e ripido scenario segnato da due torrioni simmetrici, è in realtà un vasto e imponente aggregato di rocce pieno di anfratti e di canaloni; esso si collega attraverso varie rughe del terreno – solo in apparenza pianeggiante – con un triplice monte a martello denominato Debrà Ansà.

Intorno a questo complesso, nei piccoli villaggi di Zebandas, Tzetzerà, Mai Gundì, Uochien, Taliaminà, Satià, si erano annidate appunto le forze amhara dei tre degiac e quelle tratte dai ripetuti appelli alle popolazioni del Tembien.

Se lo sgombero di tali truppe appariva come primo ed ovvio compito della battaglia, il possesso della cima dell'Uork Amba costituiva manifestamente l'obiettivo preliminare per acquistare un osservatorio ed insieme una forte posizione dominante da ogni parte, fin allora largamente utilizzata dagli abissini. L'azione contro i tre degiac veniva così imperniata sopra una conquista di sorpresa dei corni a torrione del caratteristico monte e l'attacco ai fianchi dell'Amba, per conquistare i contrafforti a costone che si dilungano verso settentrione e mezzogiorno.

Erano incaricati di agire ai fianchi pel raggiungimento di questi obiettivi rispettivamente la 114ª legione, la "Garibaldina" e il gruppo battaglioni nazionali – alpini e granatieri – mentre un'azione a largo giro era affidata ad una colonna di formazione di ascari e camice nere, agli ordini del colonnello Buttà. Due gruppi rocciatori inoltre dovevano preliminarmente e di sorpresa impadronirsi dei due torrioni: 60 CC.NN. scelte dalle legioni 114ª e 116a al comando del capo manipolo Tito Polo arditissimo alpinista friulano al nord, e 50 alpini del VII btg. complementi a sud; gli uni e gli altri con qualche ascari del XII btg.

La notte del 27, raggiunte nel massimo silenzio le pendici dell'Amba, i rocciatori del gruppo Polo iniziavano l'ascensione alle ore 3 – erano occorse un paio d'ore per superare la distanza dalle posizioni, tra rughe di terreno a boscaglia spinosa – e la proseguivano con gran cautela per non dar sospetti al nemico, le cui vedette giacevano addormentate a pochi metri sui fianchi. Tra le difficoltà di un terreno friabile, pieno di sassi e rocce nude ed esposte con pendenza massima, in certi punti i rocciatori, appesantiti da fucili mitragliatrici cassette per munizioni e mezzi di collegamento fra cui una stazione radio da campo, dovettero tirarsi su a vicenda uno ad uno.

Poco prima dell'alba l'arditissimo gruppo Polo guadagnava i piedi del torrione nord e disponeva alcuni nuclei di protezione. Facendo piramide e affidandosi agli appigli poco solidi della roccia, qualche minuto dopo le 6 Polo con due uomini, portando seco soltanto una mitragliatrice ed una cassetta di munizioni, supera per una piccola spaccatura una vera muraglia alta una ventina di metri e raggiunge il terrazzo. Una siepe di fichi d'india porge dapprima un fragile appiglio alla salita; si trattava di qualche pianta trapiantata lassù da un eremita, il quale parecchi anni fa era venuto a cercare nella solitudine della vetta motivi di perfezione cristiana. Il torrione che dal basso sembra una piccola e pianeggiante piattaforma, coperta appena di qualche arbusto; è invece vasto e accidentato e coperto di erbacce altissime fra cui spuntano gli avanzi di una piccola installazione del novello stilita. I rocciatori lo raggiungono in breve con tutte le armi; un sasso che precipita dall'alto sveglia il bivacco nemico, mentre le prime luci del giorno svelano l'ardito tentativo e s'apre il fuoco dal basso. Altri rocciatori sopraggiungono sul torrione tirati con corde, mentre gli abissini sono tenuti indietro con lancio misurato di bombe e tiri di mitragliatrici.

Tra suono di corni e clamori, la sella pianeggiante fra Uork Amba e Debra Ansà in brevi momenti è tutta in allarme. Ma in circa un'ora il piccolo reparto – tutte le camice nere e cinque ascari – raggiunge la vetta e dispone le armi a proteggere non solo i probabili ma difficili accessi del torrione, ma anche ad agevolare dall'alto lo schieramento che intanto venivano ad assumere, sul costone nord, i legionari della "Garibaldina", e l'ascesa che gli alpini tentavano contemporaneamente verso il torrione sud.

Terrazzamenti a strapiombo avevano qui deviato alquanto la marcia, sicchè i rocciatori, non potendo raggiungere la gobba per il sopravvenire della luce e l'allarme abissino, avevano ripreso la salita – agli ordini del tenente Rambaldi e del sottotenente Costa il quale incontrava gloriosa morte – deviando per un canalone a destra. Avevano così occupato verso le 8.30, dopo aspri e ripetuti attacchi, alcuni roccioni in posizioni elevate ove si trattenevano alcune ore a dominio dell'azione condotta verso sud dai battaglioni nazionali (2).

Per tutto il giorno, abissini in numero di almeno un migliaio tentavano ripetutamente di salire dal rovescio occidentale l'Amba per accerchiare i rocciatori, la cui presenza li disturbava ed irritava, osservando i loro movimenti e proteggendo le azioni in forze che si svolgevano ai lembi inferiori del monte.

Trecento nemici riuscivano ad un certo pulito ad accerchiare il gruppo Polo insistendo dietro ripari improvvisati con fuoco nutrito; ma erano dapprima tenuti a bada indi ricacciati con tiri di mitragliatrici e bombe a mano.

Nel pomeriggio, alle 14, con sforzi immani e tirando le armi con la corda, un plotone mitraglieri pesanti al comando del capomanipolo Bonomo, bergamasco, perveniva di rinforzo alla vetta e si piazzava a nord ovest, aprendo dalle sue frettolose postazioni un fuoco efficacissimo sul nemico che era nel rovescio dell'Amba e collaborando direttamente, in un momento critico, con la legione Garibaldina impegnata nel costone sottostante.

L'azione dei rocciatori veniva svolgendosi infatti nella più stretta e continua cooperazione con gli altri atti tattici miranti alla conquista del costone meridionale e della cortina settentrionale dell'Amba, nonchè all'azione a largo raggio verso il Cacciamò

(2) Ecco le forze che hanno preso parte ai combattimenti

27 febbraio

- *Truppe divisione "28 ottobre", agli ordini del generale* Somma :

colonna console Ricciotti: 114ª legione (114ª e 115ª brg., cp. mtg. legionale, pl. rocciatori del C. M. Polo)

(43 uff.; 1908 naz.; 25 ascari);

colonna tenente colonnello Buttà: 4° gr. btg. eritrei (IX btg. eritreo, XII btg. eritreo, cp. mtrp. del XVII btg. eritreo), 174° btg. CC.NN. della 180ª legione, cp. mtrp. della 180ª legione, comando II gr. cannoni da 65/17 e due btr., banda del degiac Lilai

(78 uff.; 1.254 naz.; 1.830 ascari);

XI btg. alpini.

- truppe dipendenti direttamente da S. E. il c.te del corpo d'armata Pizio Biroli:

Colonna alpini del t. c. Casa: VII btg. alpini, I pl. mtrp, del II btg. mtrp. della 2ª divisione CC.NN.

(19 uff.; 580 naz.; 25 ascari).

- Forze del presidio di Uarieu : console Biscaccianti: 180ª btg. CC.NN., 1ª cp. della 114ª legione, II btg. mtrp. della 2ª divisione CC.NN.,

I btg. granatieri, I btg. CC.NN. del I gr. CC.NN. d'Eritrea, 2 btr. da 77/28, 1 btr. da 75/13, tre btr. da 65/17.

28 febbraio

- Colonna di attacco agli ordini del generale Somma:

180° legione completa (meno la btr. che rimane a m. Pellegrino), console Biscaccianti

XI btg. alpini, btg. granatieri, tenente colonnello Gotti

IV gr. eritreo, t. colonnello Buttà

I cp. mtrp. divisionale

II gr. cannoni della 2ª divisione (meno la btr. dello Scimarbè che rimarrà in posto), ten. Colonnello Cecconi

IV gr. artiglieria da 77/28, ten. colonnello Ferrario (Uff. 162; naz. 3.455; ascari 1.746).

- A presidio delle opere del passo Uarieu e Scimarbè (m. Pellegrino escluso):

un btg. della 114ª legione, 1 cp. mtrp. divisionale e tutte le artiglierie in posto meno il gr. Ferrario da 77/28;

la btr. da 65/17 del Fortino "Fazio" (114ª legione) distacca una sezione al fortino costone sud di Uork Amba;

il VII btg. alpini a m. Pellegrino.

- In riserva a disposizione di S. E. il comandante del corpo d'armata: la 2ª divisione eritrea (gen. Dalmazzo), un gruppo di 2 btr. da 75/13, un gr. da 77/28, una btr. da 65/17 (ten. col. Seghetti).

Si veda documento n. 5 la narrazione episodica delle due ardite ascensioni, fatta rispettivamente dai ten. Polo e Rambaldi; si tratta di precise ed oneste testimonianze dirette, che giova sottolineare in contrasto con alcuni accenni erronei e confusi che sono stati altrove pubblicati.

UORK AMBA

Mossa dal forte alle due del mattino, la "Garibaldina" serrando con il favore delle tenebre sotto l'Amba, verso l'alba aveva raggiunto con uno sbalzo di sorpresa il contrafforte che costituiva il suo obiettivo iniziale. Erano le 6.15 quando le fiammelle della fucileria nemica, nella luce ancora incerta, annunziavano al comando tattico della divisione l'allarme nemico; tardivo allarme, perchè con due sbalzi successivi il costone era conquistato alla baionetta, prima che alla guardia abissina giungessero rinforzi in qualche entità. Trascorsi pochi minuti appena dal primo successo, masse nemiche ingenti sopravvenivano dal rovescio. S'iniziava allora una serie ininterrotta di attacchi e contrattacchi. Gli abissini ora s'impegnano frontalmente, ora tentano di aggirare la destra. La linea ondeggia fiammeggiando; nei momenti più difficili interviene sconvolgente il lancio delle bombe a mano, risolutivo l'attacco alla baionetta. Dai fortini, tempestivo e preciso, il fuoco delle batterie 77/28 appoggia e rinvigorisce la tenacissima azione, stronca l'efficacia del persistente furore nemico. Bresciani e bergamaschi dei due eroici battaglioni della Garibaldina, si battono con impeto indescrivibile.

Non si contano gli episodi di leggendario valore il centurione Guido Paglia ferito alla coscia continua a sparare la mitragliatrice rimasta priva di servente gridando una frase scherzosa, finchè non è straziato a morte da altri colpi; il portaferiti Androdegari lascia la sua barella per buttarsi armato nella mischia e, colpito a morte, dichiara al suo comandante che è contento perchè così non chiameranno "imboscata" la sanità. In uno dei momenti più disperati del contrattacco i militi lanciano bombe a mano urlando: "A chi l'Abissinia? A noi!"; un gruppo affaticatissimo di militi, che ha trovato sotto un sicomoro temporaneo ristoro al martellare del sole meridiano, esortato a cooperare per il ristabilimento della posizione, balza prima che l'ordine sia nettamente formulato e irrompe travolgendo la pressione abissina.

Sull'infernale fragore domina la calma consapevole dei comandanti : le semplici parole del console Ricciotti assicurano la tenacissima fedeltà di tutti alla consegna di *durare*: le brevi comunicazioni del capomanipolo Polo specchiano l'incrollabilità montanara di pochi uomini semplici, sommersi ma dominanti tra il nemico, in una solitaria roccia.

Quando viene comunicato ai combattenti un telegramma con cui il maresciallo Badoglio annunzia che su tutto il fronte "l'ora della battaglia decisiva è suonata", i clamori di gioia che sorgono da tutte le linee affermano che la certezza del capo è nel cuore di tutti.

Il combattimento, che raggiunge l'estrema violenza verso le 13 sotto una calura soffocante, vede affievolirsi la reazione nemica quando l'ala sinistra della colonna Buttà costituita dalle cc.nn., avvicinandosi serra su Enda Gheorghis; circa le ore 17 esso si spegne gradatamente.

Nello stesso tempo si è anche chiarita la situazione nel settore sud del monte. Quivi, come si è detto, l'azione dei rocciatori alpini e ascari non aveva potuto condurre alla conquista del torrione per le particolari difficoltà del percorso. Alle sei gli alpini, impossibilitati a trovare la via per salire, chiedono ordini e solo in parte trovano un altro accesso, mentre alle dieci un certo numero di soldati e tutti gli ascari ritornano indietro impossibilitati a raggiungere la vetta.

Ma il battaglione sistematosi alle prime luci avanti alle capanne del margine orientale del villaggio di Satià, violentemente attaccato alle 8 circa dal nemico, subisce per tutta la giornata l'urto crescente di numero e di impeto degli abissini. Verso le 10 le perdite degli alpini sono notevoli, il nemico tenta di aggirare per un canalone; quattro volte uscita alla baionetta la compagnia di testa è all'estremo delle possibilità e la linea ripiega quando sopraggiungono rinforzi di CC.NN. del 1° battaglione che contrattaccando con bello slancio ristabiliscono la situazione. Interviene ancora - poco prima di mezzogiorno - il battaglione granatieri e assume il comando dell'azione il colonnello Gotti.

Con varia intensità l'attacco nemico si protrae contro la linea ormai rinvigorita fino alle 17, quando - con interessante sincronismo con quel che avviene sulle pendici nord - l'impeto nemico cede e i nostri possono iniziare un apprestamento difensivo della pendice del monte ormai conquistato.

È anche il momento in cui l'intera colonna Buttà interviene nel settore tattico delle opere.

Questa colonna, raccoltasi nella notte verso m. Pellegrino, era mossa durante la mattinata con azione a largo raggio per Enda Sembet ed aveva impegnato duro combattimento tra Addi Quasquassè ed Addi Dejenè, contro forze assai numerose guidate in persona dal degiac Bejenè.

Si accertava in seguito, attraverso la testimonianza dei capi nemici che si arresero, che al mattino; mentre accorrevano all'allarme dato dalle pendici nord dell'Uork Amba, le truppe del degiac Bejenè e gli armati tigrini, avendo scorto nella piana verso Cacciamò un battaglione ascari si erano precipitati contro, seguendo il canalone del torrente Quasquassè, fiduciosi di sorprenderlo avvolgerlo e soverchiarlo con il numero. Trovatisi di fronte invece l'intera colonna non avevano nondimeno ceduto, impegnando combattimento in successive posizioni su di un assai vasto schieramento.

Solo a mezzogiorno – premuta da ascari e da camice nere, battuta dal fuoco delle batterie al seguito e da un inesorabile tiro di mitragliatrici – la massa abissina era annientata; cadeva fra gli altri presso la sua mitragliatrice leggera il rude e valoroso capo degiac Bejenè ed altri sottocapi fra cui il suo figliuolo, il fitaurari Tesemmà, il grasmac Gabremariam, il barambaras Cassà già ferito nei combattimenti di gennaio.

È allora che la colonna Buttà può spingere le CC.NN. dalla propria ala sinistra a prendere contatto con la legione Ricciotti e far sentire la propria forza sul settore di questa, facendo crollare il già allentato spirito controffensivo delle truppe abissine che difendevano il costone.

Le perdite abissine della giornata, valutate prudenzialmente nei tre settori a circa 3.000 uomini, e l'insediamento sulla cima e ai fianchi dell'Uork Amba, davano nettamente al nemico il senso della sconfitta.

Al tramonto una colonna di armati – principalmente seguaci del degiac ucciso – si ritira lungo la carovaniera di Addì Zelacò verso il fiume Tacazzè. Altri, specie fra i tigrini, in gruppi di varia entità si traggono alla periferia del campo della lotta verso Debra Arisà. Non è dato valutare invece quanti ripiegano su Debra Amba verso il grosso di ras Cassà, lasciando al nostro contatto un velo di forze puramente dimostrativo e in automatica disgregazione.

La notte trascorreva senza incidenti ed il mattino seguente la posizione della prima schiera nemica si comprendeva come del tutto rovesciata. I rocciatori, in unione con elementi del battaglione cc.nn. d'Eritrea sopraggiunti nella sella di Uork Amba poco prima di mezzogiorno, procedevano al rastrellamento dell'aspro monte ove tra l'altro era rinvenuto un cannone nemico da 42 con armi munizioni documenti e feriti in gran numero.

Mentre l'importantissima e ardita operazione alpina aveva termine e i rocciatori restavano in sito con compito di osservazione, il comandante del corpo d'armata gen. Pirzio Biroli poteva considerare ormai vana l'occupazione del rovescio di Uork Amba e ordinare invece che dal passo di Uarieu la colonna Somma uscisse per ingaggiare la battaglia su Abbi Addì.

IL COMBATTIMENTO DI DEBRA AMBA

Spiegando al vento il suo drappo nero caricato di pugnale giallo, il gagliardetto della 1ª divisione d'assalto, deposito glorioso della "28 ottobre", auspicava vittoria e come in un antico quadro di battaglia sembrava simboleggiare – recato da un carabiniere a cavallo – la sintesi di tutte le forze della tradizione e della rivoluzione, base dell'ordine fascista.

Precede la legione "Alessandro Farnese" (180ª) seguono i battaglioni nazionali e gli ascari: 5.000 uomini in tutto, con 4 batterie. Formazione di movimento a triangolo, con la punta in avanti.

A mezzogiorno la legione infila le ondulazioni del torrente Beles; le prime reazioni d'avamposti nemici non tardano a verificarsi. Il filo d'acqua del fiumicello legato alla pagina eroica e sanguinosa scritta il 21 gennaio dalle CC.NN. del gruppo Diamanti è in breve superato. In questo momento la notizia portata dalla radio che il tricolore sventola sulla vetta dell'Amba Alagè è diffusa fra le truppe. La legione "Farnese" punta risolutamente su di un tondeggiante cono isolato, il primo roccione di Daran, elemento proteso sulla piana del tormentatissimo e formidabile monte Debra; primo di tutta una serie di crescente quota ed asprezza.

Da muretti e postazioni in grotta, un inflessibile fuoco di mitragliatrici invisibili accoglie ma non arresta l'impeto dei nostri; mentre la reazione nemica – si è appreso in seguito che tutti i sottocapi di ras Cassà erano sulle pendici a seguire il combattimento – si estende a tutte le pendici del monte che si rivelano sature di armati non privi anche di artiglieria. Ma una nostra sezione di cannoni raggiunge con breve sbalzo la legione "Farnese"; la invia il generale Somma il quale segue il combattimento da una vicina collina sgombra di boscaglia. *Tirate dove tiro,* segnala il generale a passo Uarieu, e ai proiettili dell'artiglieria della sezione al seguito – veri *tiri pilota* come si dice – si sovrappongono quelli delle batterie, che agli ordini diretti del generale Pirzio Piroli appoggiano dalle posizioni lo schieramento e il movimento della colonna.

Nulla più della serenità dello spirito, frutto di una volontà salda e sicura, che potrebbe parere indifferenza, con cui il generale Somma segue nelle zone più esposte e coordina l'azione tattica e dirige il tiro delle artiglierie, dà più compiuta sicurezza che la vittoria sarà conquistata.

Con questa azione il generale mirava a costituire un fianco difensivo sulla sinistra, mentre il resto della colonna doveva puntare risolutamente a sud, integrando – con geniale accorgimento che doveva costituire la chiave della vittoria – le possibilità del numero molto inferiore a quello dell'avversario, con la sorpresa e la manovra.

Primo elemento di sorpresa era stata l'ora tarda in cui la colonna Somma aveva iniziato il movimento sulla piana; era già il mezzogiorno e le truppe cominciavano appena a delinearsi al di fuori delle opere di Uarieu. Ras Cassà, consapevole del nostro successo del giorno precedente, aveva ormai interpretato la nostra inazione della mattinata come una rinunzia per quel giorno ad agire comunque.

E non è ingiustificato il pensare che moltissimi dei suoi armati – conviene tener sempre presente la rudimenttalità dei vincoli organici e disciplinari degli abissini – si fossero dispersi tra le forre e le grotte del colossale insieme montuoso, spinti dalla necessità di trovare ristoro alla calura e riparo dalle bombe degli aeroplani, che a quell'ora compivano abituali e terrificanti evoluzioni.

Ma inganno maggiore fu certamente per il nemico l'attacco violento ai roccioni, che gli abissini stimarono fosse il fine tattico del combattimento e ripetesse semplicemente l'azione del gennaio. Essi infatti si lasciarono indurre al consuetudinario aggiramento sulla nostra sinistra. Allora il generale Somma ordina al colonnello Gotti di scavalcare la legione con i battaglioni nazionali, compiendo un movimento laterale verso occidente che lo distacca e allontana dai roccioni, per puntare quindi sul ciglio meridionale verso Abbi Addì; mentre dispone che gli eritrei del colonnello Buttà costituiscano a tergo e ai fianchi un vasto arco in fuori di protezione, contro il quale è destinato a spuntarsi ogni aggiramento.

Queste mosse non appena percepite portano indecisione nel nemico, il quale intanto – verso le 15 – ha dovuto cedere allo slancio della "Farnese" che agli ordini del console Biscaccianti si insedia di slancio sui due primi roccioni. Poco dopo gli alpini sono lanciati lateralmente verso l'ultimo e più formidabile roccione, che è rapidamente conquistato.

È il momento in cui più ricchi fioriscono gli episodi di ardimento e di sacrificio. Il catanese tenente Russo comandante una batteria, volontariamente accompagnando un pezzo in posizione avanzata, mentre si compiace dei suoi primi tiri felicissimi cade colpito al petto da un proiettile che inchioda nei suoi tratti giovanili un vago sorriso. Il caposquadra Goliardo Bolsi, ferito gravemente, ricevuti i conforti religiosi chiede il labaro della legione e muore nel ricordo della famiglia e della Patria. E un nucleo volontario di carabinieri – sarà molto difficile celebrare degnamente l'opera molteplice di questi soldati perfetti nella dura guerra d'Africa – guidato dal capitano Carobene, animosamente si caccia a snidare tiratori nemici efficacissimi e protervi, nascosti tra grotte e anfratti.

Mentre più dura è la fucileria intorno ai roccioni, con manovra elegantissima il resto della colonna continua a muovere ancora verso il sud, dirigendosi al ciglio tattico di Daran che si delinea nel vicino orizzonte. A rendere questo movimento più manifesto e più rapido, i granatieri scavalcano ancora con lieve divergenza la testa della formazione. Occupando il ciglio mentre le truppe si sistemano su di esso in fermata protetta – è ormai vicino il tramonto – vengono risolutamente spinte in basso alcune pattuglie, le quali scambiano qualche fucilata con custodi di salmerie nemiche sparse al pascolo nella fondura: ciò dà l'opportuna sensazione che la massa di manovra si disponga ad una ulteriore avanzata.

Attraverso questo insieme di movimenti felicemente ostentati, il successo tattico ottenuto con la conquista dei roccioni determina un graduale crollo di tutta la posizione nemica ai bordi di Debra Amba. Ma a questo non tarda a tener dietro un generale disfacimento.

COLLASSO STRATEGICO

È interessante poter ricostruire, in base agli elementi raccolti attraverso gli interrogatori di prigionieri e di notabili del paese, come si sia determinato nell'animo di ras Cassà e dei suoi capi quel processo dissolutivo che li portò a considerare ormai impossibile una valida resistenza alla nostra colonna; colonna che era di numero decisamente inferiore alle forze abissine e avanzava in terreno aperto, dominato dalle posizioni formidabili di quel vero colosso montano che è il Debra ambà.

È certo che il ras era già disorientato nella giornata dalla doppia sorpresa di un attacco nelle ore meridiane del tutto imprevedibile e di una impetuosa azione di fronte e di fianco, che gli aveva tolto rapidamente il possesso di quei roccioni, i quali costituivano la vigorosa punta difensiva contro le posizioni nemiche. Su questi fatti si veniva ad inserire, con effetto veramente sconcertante, la chiara impressione di un procedere inflessibile verso il sud, su Abbi Addì, della colonna, la quale appariva pressochè incurante della vittoriosa conquista dei roccioni considerati come semplice protezione sul fianco.

Il comandante nemico aveva già inoltre prime notizie del contemporaneo progredire del III corpo d'armata. Questo risaliva infatti, con la sua imponente massa, attraverso difficoltà di marcia non facilmente valutabili, dalle posizioni meridionali del Ghevà ove il mattino precedente aveva preso il primo contatto di fuoco; ed ora con la 1ª divisione CC.NN. agli ordini del Duca di Pistoia travolgeva durante tutta la giornata del 28 le resistenze disposte da armate di ras Sejum tra le alture di Manuè e il torrente Bararuà. Delle sue intenzioni e forze non sappiamo se i capi abissini avessero sùbito una esatta idea, del che almeno è lecito dubitare data l'indifferenza con cui si attardavano due giorni tra la tenaglia che si chiudeva. Ma è certo che essi erano sicuri – avendo una esattissima nozione delle nostre forze di passo Uarieu – di poter affrontare e infrangere qualsiasi tentativo che da questa parte venisse su Abbi Addì, stimando che per tenere a bada quello che dopo i combattimenti di gennaio essi chiamavano il *generale di Uorseghè* – cioè Somma – dovessero bastare i degiac dell'Uork Amba.

La sconfitta subita il 27 era un primo elemento di sorpresa; la vittoriosa azione sui roccioni, facendo assai tardivamente comprendere il pericolo, doveva diventare decisiva per lo scompiglio dell'esercito nemico. Dall'altro lato mentre la colonna Somma con il suo imprevisto incalzare, che sembrava non accennasse ad arrestarsi, minacciava chiaramente Abbi Addì, dal passo Uarieu apparivano i bivacchi dei battaglioni eritrei della 2ª divisione, dando la sensazione di un afflusso continuo di sempre nuove forze.

È circa il tramonto quando un ripiegamento sul fronte di Debra Amba, improvvisamente determinato, origina un vero collasso strategico. La verità improvvisamente svelatasi deve averli lasciati perplessi. Cassà e Sejum non sanno decidere la direzione della ritirata perché non perfettamente consapevoli della situazione alle spalle, mentre ad occidente vedono chiudersi la tenaglia. Solo alcuni nuclei abissini si avviano per la valle del torrente Bararuà, mentre la massima parte si danno alla montagna, che più ancora li chiudeva entro il raggio di azione delle nostre truppe.

Senza alcun dubbio quell'informatore che riferiva l'invio di un messaggero a spron battuto dai roccioni di Daran, per recare nell'ora critica a ras Cassà, nel suo osservatorio del sicomoro di Debra Amba, notizia del nostro avanzare, se non obbediva agli scrupoli della realtà storica, elaborava una immagine pittorica assai efficace del tragico momento.

Verso il tramonto del 28 è dato improvvisamente l'ordine di formare le salmerie. Il ras fa spargere la voce che sposta le sue truppe per operazioni militari. Ed egli stesso mostra di non doverle seguire. Ma l'affluire di armati in ritirata dalla zona del combattimento precipita la fuga verso tutte le direzioni. Tra il propagarsi di un panico indescrivibile, sono ben pochi quelli che rimangono a raccogliere gli oggetti e i materiali e attendono la notte per iniziare, in nuclei di varia entità e piccole colonne, la ritirata verso sud ovest e fra le valli insidiose dell'alto Tembien.

La fine della resistenza era segnata al tramonto da un cannoncino *Oerlikon* personalmente maneggiato a quanto si dice da Averrà Cassà, il quale concluse il suo fuoco con alcuni proiettili traccianti: fuochi d'artificio fi un bel rosso cupo e splendente, malinconico richiamo di festività meridionali.

Nella notte un complesso di elementi negativi e positivi dava la precisa sensazione non solo della vittoria tattica, ma della vera rotta del nemico. Verso le tre del mattino – mentre passeggiavamo fra i reparti, per ingannar l'attesa un po'meglio che non consentisse il giacere sulla pungente pietraia e per reagire al tipico freddo delle ore che i nostri vecchi chiamavano antelucane – eran avvistati tenui chiarori ed un lento movimento lungo le valli dei torrenti Tonquà e Bararuà, in direzione di sud ovest. Ma nessuno immaginava certo la violenza e il disordine l'assoluto sfacelo di questo improvviso abbandono delle posizioni così tenacemente tenute da oltre due mesi.

Il quadro impressionante di questo collasso ci doveva apparire nella sua crudezza solo visitando quello che era stato il quartiere generale di ras Cassà. Di lì a poco: cioè un giorno dopo.

Il mattino del 29 infatti la divisione procedeva ancora a sud a prendere collegamento con la 1ª divisione eritrea, avanguardia del III corpo; lievissima e puramente rappresentativa è la superstite azione di fuoco di qualche tiratore isolato sulla sinistra. Alle 9.30 avviene all'altezza di Abbi Addì il previsto congiungimento. Nel contempo, gli ascari del IX e XII battaglione vengono lanciati sulla zona del Bararuà, spingendosi oltre Addi Asmehen ove raggiungono e scompigliano la coda di una colonna abissina in ritirata: armati di degiac Mescescià provenienti da Uork Amba.

Questo serrarsi della tenaglia distrugge ogni superstite capacità direttiva dei capi abissini e polverizza le loro forze. In piccoli nuclei tutti si danno alla ricerca non più di una linea di ritirata, ma di una salvezza personale. Invano, perché destinati a soggiacere nei giorni seguenti all'urto sgretolatore delle nostre truppe e a finire sotto lo schianto di ripetuti bombardamenti aerei.

Mentre il 1° marzo le truppe del I corpo d'armata procedono a completare e consolidare l'occupazione di Debra Amba e di monte Tzellerè, il nemico in parte continua la sua fuga in nuclei non importanti verso ovest o sud ovest, ma per la massima parte si disperde fra i monti di Melfà e su Enda Mariam Quorar.

Contro costoro operano nei giorni seguenti truppe indigene della 1ª e 2ª divisione CC.NN. della "23 marzo", spazzando la resistenza opposta da nuclei annidati negli anfratti delle rocce e nelle caverne. Muore in questo rastrellamento anche il degiac Mescescià Uoldiè, il quale dopo la sconfitta dell'Uork Amba aveva ripiegato sulle posizioni di Abbi Addì e da qui la sera del 28 era risalito verso Enda Mariam Quorar.

Colonne di parecchie migliaia di uomini alla confluenza del Tacazzè o sull'alto Ghevà, rotti gli embrionali vincoli organici, lontane dai capi, vengono sorprese nell'angusta valle e disperse e maciullate da ripetuti bombardamenti. Con circa 3.000 uomini Hailù Chebbedè tenta il 1° mattina di passare il Ghevà presso Dibbuk, ed è sorpreso e disfatto da truppe del III corpo. Un altro nucleo, sfuggendo dall'altipiano nel disperato tentativo di raggiungere Seloà, urta e si infrange su nostre truppe a Mai Lamat. Non manca l'attacco delle popolazioni subitamente divenute ostili all'esercito sconfitto. E circolano intanto le voci più varie e contraddittorie sulla sorte dei due ras.

Certamente per loro volere al momento in cui si delineava la disfatta era accreditata la voce che avessero lasciato la regione di Abbi Addì nella notte dal 28 al 29. Ma in verità essi, vedendo allora liquefarsi le proprie forze, separatamente vagarono per i monti.

Il fitaurari Abbedè Sejum – un tigrino che da giovane ha combattuto con una nostra banda agli ordini di Arimondi – venuto a sottomettersi con il suo degiac Amarè Gheresillassi, ha narrato minutamente le vicende di questo vagare incerto e triste dei due vinti. La sera stessa del 28 ras Cassà, fuggendo dal quartier generale, raggiunge Enda Tzeghè, mentre Sejum con il degiac Uondoussen resta sull'Amba Tzellerè. Il 29 sera si riuniscono tutti a Rubà Dorhò, luogo ricco d'acqua tra Melfà e Abbi Addì. L'incontro dei due capi non è cetamente lieto; narra un cascì che vi ha assistito, che non osano recriminare a vicenda, ma ambedue ripetono più volte che la speranza di aver vinto il grande generale di Uorseghè era stata fatale – erano dunque in buona fede? – se questi li aveva ora così miseramente battuti. Sembra che Cassà manifesti intenzioni di arrendersi sfiduciato sulle possibilità di fuga; ma Sejum lo dissuade, assicurando che provvederà a condurlo in salvo oltre l'Avergallè.

L'indomani i fuggitivi sostano nella grotta di Addi Uofertì presso Enda Mariam Quorar. Il cerchio delle nostre battute li fa sloggiare e il 2 marzo si trasferiscono ad Amhalà presso Zuculì, seguiti da non oltre mille persone tra armati donne e servi. La notte passano il Ghevà ad oriente di Dibbuk ed il mattino del 3 stesso sostano ad Aroquà; nel pomeriggio ripartono e raggiungono nell'Avergallè una proprietà del degiac Teclehaimanot dove pernottano. Il giorno 4 la carovana sempre più assotigliata prosegue verso sud ovest; ma il fitaurari Abbedè ed altri sottocapi ed armati si distaccano e tornano indietro per sottomettersi. Così con poca scorta e perfino travestiti cioè senza le loro insegne, umiliazione ineguaglaibile per un capo abissino, i due tracotanti ras hanno vagato, abbandonando con fuga indecorosa il teatro insanguinato della loro avventura.

IL COVO ABBANDONATO

Abbi Addì ospitava da ormai due mesi il quartier generale dei ras Cassà e Sejum. Questi, con il fiore della loro truppa, trovavano riparo al quotidiano martellare del bombardamento aereo negli anfratti delle arenarie, che avevano tamponato con muriccioli sommari, costituendo dei veri *abris sous roches* nel senso che i paletnologi francesi danno a talune forme di abituro dell'umanità preistorica.

In questo tragico scenario di rocce e di capanne s'offriva al nostro sguardo, appena ordinato il rastrellamento, uno spettacolo ineguagliabile di sordida miseria e di morte. Feriti e malati agonizzanti, insopportabile fetore di cadaveri e carogne di muli e cavalli, con il più inverosimile miscuglio di materiale d'ogni sorta, tende munizioni selle e finimenti, sacchetti di granaglie e vasellami infranti, strumenti chirurgici e materiale di medicazione, perfino una borsa odontoiatrica e qualche macchina da cucire. Nulla si saprebbe immaginare che più efficacemente indichi la precipitazione di una fuga disordinata, compiuta sotto l'assillo di un pericolo rivelatosi improvvisamente.

Tra un vagare di muletti, alcuni imbastati e già carichi, penetriamo in una spaccatura remota. Non faccio in tempo a rendermi conto di una vaga somiglianza con l'orrido delle latomie siracusane, perchè alcune camice nere richiamano dove una tenda afflosciata è in parte ravvolta, come se abbandonata mentre si stesse per prepararne il trasporto. Ha una fodera di *cretonne* a grandi fiorami e di seta orientale a rigoni verde crudo; ed è listata di nastri con i colori della bandiera etiopica. A quanto afferma un armato ritardatario catturato nel frattempo, si tratta di una tenda di ras Cassà. Procediamo dunque sulle buona pista.

Una terrazza ha il suo difficile ingresso sbarrato da muretti difensivi assai ben collocati; ed ecco lì sopra una vera caverna artificiale. Sul davanti, ammucchiati o dispersi, basti inglesi, parti di finimenti, cassette di munizioni ancora chiodate, altre aperte e piene solo in parte come se vi si fosse attinto confusamente: passiamo in rassegna i tipi dell'armamento automatico degli ultimi sessant'anni nonchè mezza Europa: *Gras Martini Lebel Mauser Remington Mannlicher Steyr Vetterli*. Non mancano come si vede cartucce italiane, che recano sull'involucro di carta piombo il bollo *Capua 1890,* pietose sopravvivenze delle nostre liberalità del periodo antonelliano.

Il più tipico disordine ferma i nostri passi sull'imbocco della caverna ripiena di altre munizioni mitragliatrici finimenti granaglie, ma sopratutto di sudiciume e di ciarpame: ombrelli di paglia e di stoffa, sacchetti cestini stracci registri e carte sciolte. Si tratta di una vecchia chiesa rupestre scavata in un cocuzzolo, con pesanti pilastroni senza simmetria e regolarità; il ricovero diurno di ras Cassà di cui concordemente parlavano gli informatori nelle settimane passate. Qualche vecchio libro ben rilegato, con accurata scrittura su solida pergamena locale, più che dell'antico culto della chiesa ci parla delle pratiche religiose del ras, il quale univa alla rinomanza di guerriero consapevole dei segreti della tattica moderna, la fama di dotto e santo uomo, ornato anzi quale prete − *cascì* − degli ordini religiosi.

Ma ben altra sorpresa ci attende appena dietro la caverna. All'origine di una ruga del monte, sotto un giovane sicomoro atto a celare all'osservazione dall'alto, stanno semiaperti sei cofani grigi. Un ufficiale grida che è una radio. Nè si inganna. È in stazione, pronta a trasmettere. Da un cofano e da una valigia metallica vengono fuori registri, stampati, manoscritti. Il colonnello Bonfatti li rovista febbrilmente. Vi sono telegrammi in amharico e in francese. Faccio appena in tempo a pensare che metterebbe conto di cercare quelli dei giorni della battaglia di passo Uarieu, che un vero urlo del caro camerata annunzia la buona preda. A matita, con carattere stampatello, emerge il testo del dispaccio con cui ras Cassà informava il negus proprio di quei combattimenti: "Majesté Imperial, Dessiè" – dice nel suo francese approssimativo l'ottimo ras o per essere più esatti uno dei suoi radio-telegrafisti cecoslovacchi di Brno, Willy e Adolf non meglio identificati – "Les italiens commandés generaux Dalmasso Diamanti avanturés sortur fortifications Ereba-Oini Kessad-Amba du 19 au 22 janvier complétement battus par nos avants gardes. Le grouppe Diamanti specialement brigade faschiste 28 octobre anéantis. Nos trouppes rapportes 55 mitrailleuses 6 canons 2654 fusils mulets chargés des cartouches et autres objects ainsi prisonniers eritréens et italiens". È, come si vede, il testo base su cui fu redatto quel comunicato abissino alla stampa relativo ai combattimenti del Tembien del 18-24 gennaio.

Bisogna riconoscere che se il negus ad ingannare il mondo gonfiava da parte sua le cifre dei cannoni catturati, il primo ad essere ingannato era lui. A meno che questo testo non fosse destinato al pubblico attraverso l'intercettazione, ed altri dispacci in amharico comunicassero all'imperatore la dura verità di quelle giornate, che segnano il preludio della disfatta abissina sul fronte nostro.

La radio segnava evidentemente il posto di comando di ras Cassà, dal quale un viottolo che appare molto frequentato recava a quell'osservatorio presso un gran sicomoro ed una ricca fonte montana, sul villaggio di Enda Darà, che da oltre un mese era stato abituale bersaglio delle nostre artiglierie da passo Uarieu. Ma a togliere ogni dubbio in proposito ras Cassà ha avuto la cortesia di lasciare la sua carta: Ras Kassa Haylou de Darghiè; più esattamente disseminarne un bel pacchetto sul terreno.

Altri comandi troveranno i tamburi, insegna di comando uno per ognuna delle 12 province dipendenti dal gran ras sconfitto ed un bel pacco di bollettini di "prova di banco" di fucili *Mauser* (7.92 modello 1924-30) della "Fabrique national d'armes de guerre" belga di Herstal "destinés" nei primi mesi del '35 "à l'empire d'Ethiopie". Il battaglione alpini recupera l'unica delle nostre bocche da fuoco rimaste all'avversario dopo Uarieu e, ciò che non guasta, una cassetta con circa mille talleri del tesoro di guerra di ras Cassà.

È già notte; ognuno silenziosamente culla nel proprio animo emozioni indefinibili. Scendono a rivoli al richiamo degli ufficiali gli uomini che hanno percorso il triste monte; uno di essi si attarda come sotto grave peso. Vediamo che sulla cassetta per munizioni reca a cavalcioni un ragazzo negro. "È affamato ed è anche ferito – risponde alle richieste – e non ha colpa di nulla".

Vibra nella fresca e giovane voce del soldato un sottile fremito paterno. Paterno che è quanto dire di umanità integrale; quella che fece immortali le orme dell'impero degli avi; quella che presiede alla ricostruzione dell'impero italiano.

LA SOTTOMISSIONE DI RAS SEJUM

Ras Sejum − personaggio così centrale della campagna del Tembien − doveva, presentarsi a Socotà e sottomettersi al comando del III corpo d'armata qualche tempo dopo, a guerra finita. Girovagava dal giorno della sconfitta tra inospiti montagne, con un codazzo sempre più ridotto. S'era presentato al negus prima della battaglia dell'Ascianghi ed era stato accolto malissimo; sembrava che dovesse nondimeno seguito l'imperatore spodestato nella sua fuga ingloriosa.

Invece aveva pensato di salvarsi con l'incondizionata sottomissione del vinto.

Ras Sejum che era stato senza dubbio l'ideatore ed il tenace sostenitore delle operazioni del Tembien, aveva costituito durante la campagna oggetto di appassionate discussioni − fortunatamente e naturalmente del tutto platoniche − vera risorsa per le chiacchierate del "dopomensa" dei comandi.

Era divenuto un luogo comune affermare che la nomina di Hailesellassiè Gugsà a capo del Tigrai avesse rappresentato per noi un sicuro danno, perchè ci aveva posto risolutamente contro ras Sejum, il quale sarebbe divenuto il più importante animatore della resistenza appunto perchè gli era stata preclusa in tal modo ogni speranza di accordo. E taluno aggiungeva che, riconosciuto in così alta autorità fin dal principio, era venuto a mancare anche al sottomesso un diretto ed efficace interessamento ad adoperarsi in nostro favore; ciò senza accennare alle insulse voci di tradimento diffuse in Italia ed all'estero ed all'avventato giudizio che del giovane Hailesellassiè, temperamento discreto e riservato, si dava non si sa bene su quale base.

Tutto ciò denota preliminarmente una assoluta ignoranza del carattere dei due capi tigrini. Il tentativo di attrarre ras Sejum e di concretare quei generici atteggiamenti di favore per l'Italia, che egli assumeva ad intermittenza, fu fatto e ripetuto fino agli ultimi giorni che precedettero le ostilità. Ma invano. Gli ultimi momenti del Tigrai abissino ci mostrano ancora ondeggiante secondo il solito il mediocre animo di Sejum, incapace a risolversi fra la simpatia per l'Italia, della quale pure riconosceva l'attrazione in private conversazioni e banchetti uffiiali, e la lealtà al negus, al quale fra l'altro non sapeva perdonare l'assassinio del diletto figliuolo Cassà. Ambiguità di carattere che nonostante il suo incontestabile prestigio dinastico, rendeva il favore il ras Sejum dubbio ed oltremodo pericoloso così per la politica del negus che per qualunque altra.

L'imperatore altronde allo stringere delle cose aveva messo alle costole del ras di Adua il negadras Uodagiò Alì, nelle cui mani aveva accentrato poteri assai notevoli − la sopraintendenza del telegrafo e delle dogane − e al quale inviava le munizioni. La missione di questo fiduciario aveva particolare successo perchè esercitata con grande attività in un atteggiamento umile ed insinuante.

Ben altro carattere aveva la pronta adesione di Hailesellassiè Gugsà.

Questi, mosso da indistruttibile ragione di rancore contro il negus, nei mesi che precedono la rottura mostra una crescente decisione, un sempre più preciso e coerente atteggiamento in favore dell'Italia, tale da suscitar i sospetti del console etiopico in Asmara ligg Tellà. La comprensione piena della sua sottomissione non poteva da parte nostra mancare. Ma essa ha rappresentato anche un indiscutibile vantaggio.

A prescindere infatti dalla possibilità o meno di pervenire a concreti risultati con Sejum, questi non si sarebbero potuti raggiungere che attraverso ondeggiamenti deviazioni e remore alla condotta delle operazioni e legittima diffidenza del leale sottomesso, che avrebbe sicuramente avuta notizia segreta ed esagerata dei rapporti col suo irriducibile avversario. Non solo; ma una tale ipotetica conclusione di accordi con un soggetto oscuro difficile subdolo quale il tentennante Sejum, il quale avrebbe accampato – non è mera supposizione – non si sa quali pretese, avrebbe annullato la possibilità di far subito valere il particolare aspetto internazionale della sottomissione del Tigrai, quale invero – anche se vanamente per la prestabilita malafede dei sordi convegni ginevrini – è stato subito possibile attraverso il rapido e spontaneo gesto del rappresentante il ramo maggiore della casata di re Giovanni.

Si sarebbe cioè compromesso il certo per l'incerto, col solo risultato di togliere al nemico l'interna debolezza dei dissidi fra ras Cassà e ras Sejum.

L'Italia raccoglieva nella leale dedizione del figlio di ras Gugsà come in simbolo la messe che era venuta insensibilmente preparando col propagare, nelle terre contermini del Tigrai in quarant'anni di esemplare amministrazione della vicina colonia Eritrea, l'alone della propria civiltà materiata da giustizia. Mentre costituiva una certezza, adagiandosi in una semplicità quanto mai desiderabile e utile di linea politica, che non saprei chiamar meglio che fascista.

Anche qui una sola direttiva, per mediocre che fosse, non poteva non valere incomparabilmente di più di due direttive, eccellenti ma in contrasto.

Il valore della leale amicizia di Hailesellassiè e della rete dei sottocapi a lui devoti specialmente per la memoria del suo grande genitore, che si è rilevata vasta e fedele, è stato convalidato dalle prove militari nella battaglia dell'Endertà. Ma esso emerge anche più solennemente dalle testimonianze del campo avversario. Il miglior apprezzamento della decisione di Hailesellassiè nel quadro della politica etiopica è dato da quella lettera scritta nel Tembien da ras Sejum a Cassà, e dall'abbozzo di risposta, più volte ormai ricordate. In esse al degiac Haileselassiè è riservata la parte d'onore. Egli "ha tradito la nostra bandiera e la nostra religione" scrive Sejum ed aggiunge che a causa di lui gli Agamè non avevano combattuto "il che fa molto dispiacere"; e Cassà inizia solennemente la risposta auspicando che "il Dio di Etiopia faccia incontrare al traditore la punizione".

Le riserve sull'azione politica nei riguardi dei due principali capi tigrini, se non hanno ragione alcuna di essere si spiegano tuttavia come riflessi di nostalgie vaghe e nondimeno potenti. Ogni italiano ha nel sangue la passione politica, tanto più acre ed esasperata quanto minore possibilità ha ordinariamente di soddisfarla; onde non appena una circostanza eccezionale ne offre l'occasione, vi si abbandona con vera libidine.

Non è difficile per ciò, specie in colonia, ritrovare la singolare mentalità dell'alchimista intento a faticose combinazioni politiche, quella stessa che generò le vicende e gli insuccessi del "capismo" libico. Fu certamente un lutto per costoro, che forse avevano sperato un brillante campo di azione, l'aver invece visto preclusa dalla semplicissima impostazione della politica tigrina, ogni possibilità di aguzzare l'ingegno, di vagheggiare ardite tessiture d'intrighi, di forzare inconsapevolmente la realtà inventando capi autorevoli, di sfogare insomma la propria passione politica, per seguire al contrario senza equivoco una chiara rettilinea ed unitaria direttiva, all'infuori di ogni possibilità di brillanti successi personali ma anche la coperto di ogni tentennamento. Da questa delusione insensibilmente sorsero – propagandosi in buona fede a qualche settore diverso e anche più elevato – tutte le critiche e tutte le riserve.

Noi consideriamo invece come privilegio fondamentale della guerra fascista, quello che con frase di vecchio stile si potrebbe dire l'aver lasciato libera voce al cannone, senza tentar nemmeno di far intervenire il parlottio indiscreto della politica.

Tutto ciò è sembrato un sogno a chi aveva seguito le incredibili complicazioni e gli errori della cosidetta politica indigena interferente con le operazioni militari per tanti anni in Libia. t sembrato sovratutto un sogno a chi conosceva le vicende della prima campagna di Africa. Non più in circolazione agenti del tipo dei fiduciari di Antonelli o personaggi come Felter o nemici che dovevano essere trattati da amici tipo Maconnen, tutti a pretender convegni sospensioni di ostilità rinunzie ad operazioni o ad armamenti; non più quei temporeggiamenti e raccomandazioni, faticosi contatti e giuochi a partita doppia o tergiversazioni che deliziarono i nostri vecchi comandanti militari, ottenebrarono la limpidità della loro decisione, non furono l'ultima causa della somma finale negativa di quello sforzo eroico.

Nessuno è penetrato ad Adua o Adigrat, ha progredito verso Macallè, ha avvistato l'orrido tenebroso groviglio dei monti da cui stacca la punta di Amba Alagè, senza sentir l'animo compreso di stupore per la gesta dei nostri uomini della vecchia guerra d'Africa. Stupore e ammirazione per il gagliardo cuore l'animo generoso la passione superba che li animò e sorresse, in un'impresa che la vastità del terreno ha fatto apparire cosi ardua anche a noi, col nostro numero che lo spirito rivoluzionato del Paese aveva munito di ben altri mezzi. Ma ai combattenti di oggi la meditazione sul lontani eventi del '95-96 non è stato elemento soltanto di commozione o di insegnamento. Ma anche e sovratutto di una vera "euforia" data dal pensiero che tutto ciò che aveva costituito la tabe fondamentale di quel passato dileguava per virtù del fascismo tra i ricordi di ciò che è tramontato a tal punto da riuscire perfino difcile immaginare come mai sia potuto esistere.

Non dissidio di direttive fra politici e militari, non antitesi fra il Comandante e i suoi collaboratori più vicini, non fiducia condizionata verso chicchesia, non settori comunque differenziabili di opinione pubblica o responsabile. Uno il piano uno lo spirito una la politica. Anzi nessuna. Perchè è stato raggiunto quello che dovrebbe altronde essere l'assioma, che mentre durano le operazioni militari la sola politica possibile è quella di non farne; politica non è infatti il rispetto e la protezione dei sottomessi, anche se hanno in precedenza combattuto, il che è stato conseguito senza equivoco e senza sforzo.

Non mai come in questa guerra d'Africa al ricordo del passato il presente si è imposto con la bontà – di principio e di fatto – di questa unità essenziale.

VITTORIA E PACE

La seconda battaglia del Tembien veniva ad inserirsi nel sempre più vasto disastro delle truppe etiopiche della zona di Alagè – in rotta fino all'Ascianghi e a Quoram, inseguite dall'aviazione e tormentate dalla vendetta degli Azebò Galla entrati nell'orbita della nostra politica – e nel successo delineatosi contro le truppe di ras Immirù e degiac Aialeu Burrù sull'ala destra.

Queste erano concentrate a fine febbraio nella zona monte Cojezà-Enda Sellassiè, in numero di almeno 25.000. Il nostro IV corpo, procedendo il 29 febbraio a cavallo del Mai Agais, si affaccia con marcia faticosissima attraverso regioni del tutto sconosciute sull'altopiano di Az Nebrid, quindi verso Az Darò e il giorno 4 raggiunge Addì Cocob senza incontrare resistenza. Ma la sua decisa e rapida mossa avvolge e minaccia il nemico.

Nel contempo il II corpo investe dapprima a Selaclacà forze lasciate per rallentare e ostacolare l'avanzata, le quali s'impegnano con accanimento, indi – il giorno 2 marzo – combatte ad Agòs Corarò. Sotto il minaccioso progredire delle nostre truppe il nemico non pone in atto la sua prevista difesa ad oltranza della zona di Afgagà-Onfitò e si ritira, rinunziando ad impegnarsi in azioni che la situazione generale del fronte nord rivela assolutamente vane. È il crollo.

Poco dopo – mentre da ogni dove le nostre truppe si spingono verso lontani obiettivi, Quoram Socotà, Gondar – la divisione "28 ottobre" inizia l'opera di pacificazione e di assestamento del Tembien con tanto amaro ma glorioso sacrificio liberato e conquistato.

Cominciano ad affluire deputazioni di villaggi e di conventi che vengono a fare atto di sudditanza, sfoggiando un barbarico pittoresco di stole cappe e baldacchini, di fogge talari e religiose avvivate di gialli rossi violetti e azzurri crudissimi e sgargianti con ricami d'oro. Capi e sottocapi che abbandonando i ras in fuga ricercano nella sottomissione i vantaggi cui affida l'alta magnanimità dell'Italia.

È la volta di far la conoscenza di quei personaggi i cui nomi da tanti mesi ci sono divenuti familiari. Giunge degiac Amarè Gheresilassi barbetta brizzolata e testa solida, governatore del ragazzo Mangascià figlio di ras Sejum; segue degiac Behrè Agòs occhi mobilissimi sotto una capigliatura lanosa. Fa specie controllare l'esistenza di armi automatiche già segnalate dai nostri informatori, veder ammucchiare fucili di ogni foggia, e mitragliatrici. Emergono cannoni recanti in agemina d'oro la sigla di Menelik a fianco dei più moderni risultati dell'artiglie-ria antiaerea forniti dalle nazioni europee.

Si apprendono in lunghi conversari le vicende della guerra vista dal nemico, le sue illusioni di vittoria, i patimenti della sconfitta, i pettegolezzi del campo cui davano esempio i rispettabili cognati Cassa e Sejum, pronti ad impuntarsi in problemi di protocollo anche in occasione della festività nuziale celebrata ad Abbi Addì da degiac Averrà figlio di Cassà.

Infaticabilmente il maggiore Vercesi, coadiuvato da quella tipica e intelligente figura che è ligg Sejum Cassà, l'interprete italianissimo della divisione, raduna capi-paese e cascì e getta le basi dell'ordinamento politico e amministrativo della regione.

E mentre con inesausta lena i soldati lavorano alle strade, bonificano gli abitati, accolgono le sorgenti, danno ad Abbi Addì un recinto circolare pel mercato che viene rifiorendo, e i medici spargono dappertutto la loro assistenza ricercatissima, il seme della vittoria germina fra gli uomini i sentimenti della sottomissione.

Un cantore viene al campo a celebrare sulla lira monocorde la forza dell'Italia vittoriosa, l'impeto di Vaccarisi che a monte Latà ha sconfitto "i sette degiac", la tenacia di Somma che non si è fatto sommergere a "Uorseghè".

Le donne alternano al rullo moderato del tamburo, il "trillo dell'accoglienza" e le strofette della sottomissione:

Il trono del governo di Asmara è desiderato dai popoli. Benedetto il Padre dei poveri; dono che ci ha dato Gesù Cristo.

E qualcuno si diffonde a parlare della illegittima autorità del negus ormai pericolante, narrando che per dir cose contro natura, in Abissinia si dice: "il pesce sul monte, la scimmia in mare, ligg Iasù in prigione e Tafarì sul trono".

Tutti riaffermano il valore definitivo della forza. Meglio d'ogni altro degiac Behrè Agòs, quando ripete la base dottrinaria della sua lealtà di sottomesso: "pregavo fino ad ieri per la vittoria del negus; oggi che Voi siete più forti e mi avete raccolto, pregherò con la stessa lealtà per la vittoria dell'Italia".

Teorema di una saggezza politica assolutamente insostituibile, che, tenendo ferme le premesse della forza, nessuno saprà discutere o dimenticare.

APPENDICE

TIGRAI RICONQUISTATO

Con l'occupazione del Tembien, dopo Adua Adigrat e Macallè, poteva considerarsi conquistato nelle sue regioni essenziali tutto il Tigrai, cioè l'endertà politica e storica, e certamente anche etnica più antica e omogenea di tutto quel complesso di territori, che avvenimenti militari, gelosie fra gli stati europei e convinzioni diplomatiche *inter alios acta,* sfruttate da quel fortunato e abile sovrano che fu Menelik, hanno fatto entrare nell'ultimo cinquantennio nella realtà politica del mondo come impero etiopico.

Varia ineguale contraditoria quant'altri mai, questa estrema zona orientale dell'Africa delimitata grossolanamente dal Nilo dai grandi laghi dal Sudan e dal giro marino delle colonie italiane e dei possedimenti somali della Francia e dell'Inghilterra, è uno dei più complicati e tormentati grovigli di strutture e di aspetti della terra, nel quale assai dubbiosamente è possibile riconoscere quella unità che i geografi hanno definito altipiano abissino e i geologi considerano generato da una unica immane spinta vulcanica. Gorgogliano nel suo seno fiumi di alta importanza pertinenti a tre diversi bacini, s'aprono laghi tra i più vasti del mondo, innalzano alle nubi le loro vette monti colossali e s'alternano molli praterie a deserti di pietrame e infernali formazioni lunari, si dà convegno la flora più lussureggiante del tropico e quella glaciale.

In questa immensa vastità di regioni diversissime il Tigrai costituisce un paese di relativa unità, ancor viva nel più recente ordinamento imperiale, che faceva di tutto il territorio un unico comando militare sottoposto a ras Sejum, benchè come entità amministrativa la parola Tigrai si riferisse negli ultimi tempi soltanto alla stia parte occidentale.

Nella tradizionale divisione distrettuale abissina, che si fonda su veramente solide entità etnico – topografiche, il Tigrai comprendeva soltanto la regione ad occidente dell'Uerì. Le altre province, Agamè Haramat Endertà Enda Moenì Gheraltà e Tembien ne sarebbero fuori; ma la vecchia denominazione le comprende tutte dal Mareb – territorio oggi dell'Eritrea, in antico detto dell'Oltre-Mareb o del Capo del mare – al Tacazzè e ad Alage.

Una rapida idea sintetica di questo territorio non è agevole. Si può comunque rappresentare questo antico regno come costituito dai due blocchi laterali e fiancheggianti della regione Adua-Axum e di quella di Adigrat-Macallè, in cui piane e conche si susseguono divise da diaframmi collinosi. Più che conche anzi altipiani terrazzati, a diverse altitudini l'una dall'altra, tra i quali possono effettivamente farsi rientrare in gran parte anche le cosidette valli dei fiumi.

Ai margini di cotesti due allineamenti sopraelevati, la regione precipita ad oriente verso la Dancalia, attraverso una ruga collinosa che con la sua boscaglia ricca di olivastri segna come la transizione morfologica e vegetale; ad occidente discende con elementi intermedi verso il bassopiano. Tra i due blocchi, sbarra trasversalmente – con tendenza da nord est a sud ovest – una più bassa regione, con larghe piane d'arenarie e capricciosi rilievi, fiumare secche e straripanti durante le piogge, coperta da boscaglia a grandi piante spinose e segnata dai termitai e nella quale si riuniscono le forme più varie. Terreno tipicamente africano costituito principalmente dall'Enticciò dal Gheraltà e dal Tembien, e che si continua nella vecchia colonia Eritrea nella levigatissima pianura dell'Hazamò, mentre i due blocchi laterali di conche e di altopiani si riattaccano rispettivamente ai territori del Seraè e dell'Acchelè Guzai.

Tra pianure che paiono appena ondulate e si svelano, a chi si appresti a percorrerle, vaste superfici tormentate e agitate di alte colline, tra monti impervi di circuito insospettabile – individui geografici veramente colossali che emergono dal piano le pendici e le asperità sono tali da lasciare in vaste proporzioni superfici coltivabili.

In questa regione perde il suo valore quella che è una delle più efficaci convenzioni della cartografia così detta ipsometrica. Questa destina il color verde ai bassopiani, riservando il bruno terroso sempre più scuro alle altitudini. Nata come è per l'Europa – ove alle bassure e al piano corrisponde la vegetazione e la cultura, al monte il prato e l'incolto - perde il suo valore di pronta intuizione e insinua un inconsapevole inganno quando ci rappresenta l'Abissinia, ove per contro le più belle gradazioni del verde designano la bassura ardente e improduttiva, mentre le colture degli altopiani pianeggianti sono dissimulate e mal si indovinano nell'oscurarsi di colore delle alte quote, che sembrano indicare tutto un orrido groviglio di monti.

Uno specchio interessante della vita economica del Tigrai, delle sue risorse attuali e delle possibilità di sviluppo che sono prevedibili, è fornito dal suo più importante mercato settimanale, quello che ogni lunedì si tiene a Macallè.

IL MERCATO DI MACALLE'

In Abissinia lo sporco-terra più monotono si accumula tenacemente su tutto, specie sulle persone e i vestiti, e fonde il quadro in una tinta unica. È naturale perciò che anche un mercato non sia ricco di colore; ma esso, almeno per quanto riguarda il Tigrai, non offre neppure eccezionali note di originalità.

Tra la folla insignificante di curiosi e di acquirenti – accozzaglia di caratteri antropologici superficialmente unificati dal prevalere della tinta nera – si staccano il solito caponzolo seguito con particolare gravità dal diavoletto portafucile e dalla scorta, e le signore di riguardo, le magre uizerò ondeggianti e flessuose, che si fanno seguire dalle povere serve nilotiche, ora agili e svelte con il bambino sulle spalle, ora curve e come schiacciate sotto il peso di orci immensi. Vagano qua e là i contadini con un minuscolo asinello o un eccezionale muletto – la guerra ha inghiottito anche qui molte bestie da soma – o con qualche capo isolato di bestiame, bue gibboso o pecora a coda grossa. In allineamenti e semicerchi i venditori stanno accoccolati avanti alla loro poca mercanzia. Qua vecchi e vecchie – si vede che si tratta di una piccola industria di ripiego – con piccolissime fascine di legnetti, merce ricercata perchè il millenario disboscamento rende rara presso i villaggi la legna, indispensabile alla vita nelle rigidissime notti dell'altopiano. In un angolo il più nobile commercio di qualche rozza oreficeria locale e d'importazione – anellini e croci d'argento e di similoro, conterie azzurrognole, conchigliette dentate – associate come dappertutto al cambio della valuta (non per nulla *bigerondi* è qui titolo del tesoriere e appellativo dell'orefice, come in Roma antica, ove il banchiere è detto argentario che vorrebbe dire originalmente argentiere). Lì vicino – e non a caso se questo minerale è qui pregiato e valutato come cosa preziosa fino ad essere accolto come vera e propria moneta divisionale – si stenta a riconoscere in certi blocchetti grigi e terrosi di circa un chilogrammo di peso il sale, che lunghe carovane di cammelli trasportano dalla pianura dàncala, oggetto di uno scambio importantissimo che a Macallè si smista per quasi tutto l'impero, e dal quale trae il nome di *via dell sale* la modesta mulattiera che dal bassopiano reca all'Endertà; blocchetti – *amuieh* – che a Macallè si pagano un tallero per carico di muletto, di una sessantina circa, mentre salgono di valore mano a mano che s'allontanano dal mercato, e raggiungono ad Addis Abeba il valore di mezzo tallero ciascuno. Prudentemente appartato, infine, per la salvezza della fragile merce, il venditore di rozzissime tazze e orciuoli tondeggianti di ogni dimensione. E qua e là, in intima confusione con tutto il mercato, donne accoccolate davanti a cestini di polvere gialla di peperone, il *berberè* ingrediente salutifero d'ogni vitto primordiale, o con piccoli sacchi pieni di ceci dura sola orzo fave piselli caffè.

Questo allineamento di prodotti compensa del tutto la mancanza del pittoresco. La modestia dei manufatti, l'eccezionalità dei materiali importati – oltre il sale appena qualche tessuto di lana di bassa qualità e qualche ignobile profumo – ci mostrano questa economia come esclusivamente rurale, mentre la varietà dei prodotti della terra, ed insieme la loro insignificante quantità, rivelano le condizioni particolarissime di un'agricoltura primitiva e limitata alle sue forme estensive.

I nostri soldati − contadini in prevalenza e tali rimasti naturalmente nell'animo − marciando nel Tigrai non nascondevano la loro ammirazione al susseguirsi di conche pianeggianti, di una terra nera e profonda quale si vede da noi raramente, quasi tutte piantate a piccoli quadri di orzo frumento piccole fave piselli lenticchie ceci, che alternavano le gradazioni diverse del loro verde al giallo di messi e di campi già secchi. Scoprivano qualche pianta non familiare, la dura o il *taf* appena noto in Europa sotto il nome di poa d'Abissinia, di cui si è tentata l'introduzione come foraggio e che qui serve piuttosto per fare, con la farina dei suoi minutissimi grani bianchi, la *taita,* una gradevole focaccia di lusso. E si meravigliavano di trovare il lino allo stato selvatico e adoperato per mangime del bestiame. Ma più ancora li colpiva la brevità degli appezzamenti delle varie colture, il vario stadio di maturazione del frumento; nella stessa zona la ristoppia afancava il grano nato da poco e quello verdissimo con la spiga incipiente o con la spiga già matura e pronta al taglio. Stranissima diversità che deriva dal diverso periodo in cui si rendono asciutte e coltivabili le varie zone di una stessa conca, dopo le piogge.

Quei bravi nostri soldati contadini non riuscivano a comprendere facilmente perchè non si provvedesse ad eliminare con elementari caualetti e drenaggi questo danno; ma meno ancora essi si rendevano ragione come mai le culture dovessero dappertutto faticosamente aprirsi un varco tra un denso tappeto di gramigna e in molti luoghi anche

tra una pietraia, che gli indigeni si guardano bene dal rimuovere. E quando taluno ripeteva loro che seminar tra i sassi fosse un accorgimento per conservare l'umidità al suolo, cioè un elemento locale di saggezza popolare, scrollavano il capo.

Questa incredulità popolana nell'ammettere la saggezza di un popolo che di saggezza invero ne possiede così poca, individua la causa prima dell'economia agricola grama e primitiva.

La pietraia rimane intatta, non per la sua pretesa utilità, visibilmente discutibile del resto dato il regime delle pioggie, e la quale in ogni caso una volta accertata dovrebbe indurre gli agricoltori indigeni a ricoprire di sassi le terre che ne mancano, il che si guardano bene dal fare. Ma le pietre non vengono tolte perché ciò è assai comodo ai fini del minimo sforzo, che rientra nei postulati di una scarsa devozione al lavoro. Di questa si potrebbero trovare molte spiegazioni relative al clima e più ancora allo stato fisico degli abitanti; ma la vera causa è soltanto sociale e politica e risiede nel regime terriero.

La terra è gestita infatti sotto una forma comunista per cui, generalmente anno per anno qualche volta ogni due anni, ogni abitante del villaggio riceve in sorte da coltivare un lotto diverso del terreno pubblico. Mentre fra decime delle chiese del ras e dei sottocapi, regalie all'imperatore, tributo forzoso ai briganti, al coltivatore rimane appena il necessario per il proprio fabbisogno familiare e spesso neppure quello.

In questo stato di cose è evidente come manchi ogni movente per lavoro amorevole e intelligente che persegua miglioramenti di sorta − sia pure limitati alla semplice raccolta dei sassi − che andrebbero a vantaggio di altri, e miri ad aumenti di prodotti dai quali parimenti trarrebbe incremento soltanto la decima dei vari sfruttatori.

Un regime di giustizia e di sicurezza da un canto, e la gestione tecnicamente adeguata delle culture in atto esistenti, non potranno non portare automaticamente questo paese ad una rapida ricchezza agricola per la quale possiede non comuni possibilità, evidenti a prima vista e attraverso la considerazione di quel che esso produce nelle infelici condizioni attuali.

Non è meraviglia che in queste condizioni la vita di un paese privilegiato per natura sia assai misera; benchè non sia facile imaginare a che punto sia squallido lo stadio della sua civiltà rudimentale.

PREISTORIA PER GINEVRA

Siamo vicini al Natale. Ed ecco una eccezionale domenica di "seconda schiera". Finora la "28 Ottobre" da due mesi e mezzo non ha conosciuto altro riposo alle sue marce che il lavoro stradale e la tenace vigilanza sulle prime posizioni, portando nel primo un accanimento che è come un'istintiva valutazione del significato dinamico della strada, in quanto linea di avanzata, permettendo nella vigilanza di saggiare quale freddo dominio dei nervi si accompagni nei Legionari alla rivoluzionaria frenesia operativa; prevedibile risultato, altronde, della dimestichezza con il pericolo della piazza, con le armi, dello spirito guerriero e avventuroso della squadra.

Ma questa calma domenicale diffonde innegabilmente nel campo un sottile velo di noia. Le scarse possibilità di assetto della tenda, con quei mobili di fortuna che emergono dalla cassa per la galletta e dalle industri trovate dell'attendente sono presto esaurite. E la noia, moglie dell'ozio − nella impossibilità di essere madre dei vizi pei quali manca il più rudimentale appiglio − genera curiosità varie ed attività impensate. Un ufficiale conduce felici esperimenti di addomesticamento di quel che chiamiamo Ras Mulughetà, che sarebbe poi una strana bestia, coniglio alle orecchie, porco al muso, canguro alla coda, un formichiere insomma, più propriamente un oritteropo, che ha sostituito lietamente le formiche con la marmellata. Un altro cerca di venire a capo, chiacchierando con l'interprete, delle consuetudini agricoli e dei dati di produzione unitaria di questa regione, ove una terra generosa, in piane sterminate, riesce a dare per potenza di linfe, attraverso un denso tappeto di gramigna ed una incontaminata pietraia, una vita fiorente ai campi di granaglie e di legumi. Marinetti ed io ci abbandoniamo alla esplorazione di alcune rovine del villaggio di Gherghembesc nel cui àmbito siamo venuti ad attendarci. Non si tratta di un illustre centro archeologico ma sono sempre delle rovine. Ed io considero il fatto un bel successo di proselitismo scientifico. Ci addentriamo fra alcuni rozzi muriccioli che delimitano dei cortili. Sagome rotonde ricoperte di un cono intessuto di lino e di giunchi − *agudò* −; case quadrangolari − *hudmo* − con una rozza cornice aggettante ed un tetto di terra battuta e legname, prive della luce della finestra e munite di inutili feritoie. Mi viene voglia di dissertare intorno alle tenaci teorie di coloro che sull'uso di codeste forme di abitazione nel Mediterraneo antichissimo pretendono di ricostruire ondate di diffusione etnica; uno sguardo qui basta a convincere che non si tratta di fenomeni così complessi, ma di uno spontaneo sovrapporsi alla primordiale prova della capanna rotonda, della più complessa struttura angolare, non appena sorge una qualche abilità tecnica ed alcune possibilità economiche. Me ne astengo per non mettere a dura prova la pazienza del mio illustre camerata. Ci richiama un gruppo assai denso di euforbie, intramezzate da gelsomini fioriti e da quelle varie acacie e robinie, che costituiscono, con rossi metallici di bacche e di piumaggi e verdi d'ogni gradazione, una nota assai fine del paesaggio tigrino; c'è là come sempre una chiesa copta. È devastata e giungiamo in tempo per constatarlo, prima che se ne accusi la curiosità delle camice nere bonariamente, come avviene in casa con i ragazzi vivaci, cui siamo sempre indotti ad attribuire oltre alle proprie monellerie anche l'eventuale disordine della sorella maggiore o della cameriera.

Ma non troviamo interesse a soffermarci. Richiama lì vicino il basamento di una grossa capanna rotonda, coronato di pentole e di orcioli. Qui veramente c'è motivo per imparare. Una specie di doppio lavatoio inclinato, con un pozzetto alla base, costrutto di fango rappreso su cui sono inserite piccole lastre di basalto ed è poggiata una maneggevole testuggine della stessa pietra: il più primitivo tipo di macina che sia concepibile al di là dell'originario confricare della granaglia fra due sassi. Comprendo ora in pieno la funzione dei cosidetti *lisciatoi* delle stazioni preistoriche del Mediterraneo, falsamente interpretate in altro modo. Nè è meno primitivo nella stessa capanna il focolare di terra, appena al di sopra della rudimentalità di due pietre accostate.

La più monotona delle ceramiche è disseminata all'intorno; senza colore se non quello fosco derivante dalla cottura di rozzo impasto, luccicante alla superficie per quella lisciatura resinosa che si chiama ingubbio ed è il remoto progenitore della vernice, a forme globulari fatte a mano senza il sussidio della prima macchina rivoluzionaria che la storia della civiltà conosce, la ruota del vasaio. Ceramica che corrisponde in pieno a quella in uso nel Mediterraneo durante il remoto periodo della civiltà neolitica, millenni prima di Roma e di Atene, decine di secoli avanti gli eroi di Omero e le leggi di Minosse. Ma qui non siamo in età neolitica. Io non ho accompagnato il fondatore del Futurismo a visitare uno scavo preistorico e nemmeno gli avanzi fra i quali moviamo – con la diffidenza che invade l'europeo pieno di fisime igieniste tra il ciarpame abissino – appartengono ad un villaggio abbandonato da qualche secolo od anche soltanto ai tempi di Re Teodoro, nemico degli inglesi.

Queste capanne erano abitate fino a quaranta giorni fa, quando in previsione dell'avanzata italiana su Macallè si rovesciò su di esse la furia razziatrice – preistorica anch'essa? – di Uodagiò Alì, doganiere autorevole e capo fedele di Addis Abeba.

Se proseguiamo di qualche passo verso il remoto angolo del villaggio raccolto tra mure ciclopiche sulla collina con intento difensivo dove sono rimaste un paio di famiglie, troviamo in piena efficienza focolare e mulino ed orci di terracotta neolitica, con l'aggiunta di qualche capanna di legno e di paglia con intonaco di sterco bovino, la più primitiva costruzione che sia mai stata ideata sotto l'impulso della pura e bestiale necessità della protezione atmosferica. Quello stesso che muove il nostro oritteropo, quando ad ogni nuova tappa scava la tana con le poderose zampe ed in queste rigidissime notti provvede dall'interno ad otturare l'orifizio con la terra.

Preistoria in atto. Intorno alla quale la nostra singolare esperienza si potrebbe arricchire con altri elementi funzionali se per poco penetrassimo nella vita delle popolazioni. Quei mariti e padri che a Macallè offrono le bene annerite grazie familiari – ove si tolga discussione del compenso in talleri o si sostituisca allo scudo della pingue Maria Teresa il baratto di un capretto o di un vaso di miele – ci portano in pieno nei rapporti sociali del mondo neolitico, nel quale la famiglia nel suo fondamento morale non è per anco delineata ed esiste se mai come nucleo di puro rapporto del lavoro e del piacere. Ma la corrispondenza non è perfetta, perchè qui manca il motivo, certamente primigenio, della gelosia dal maschio. Codesto atteggiamento dei bravi tígrini risente forse della singolare avventura di un popolo, che ha potuto incontrare la decadenza con le sue speciali involuzioni morali, quando non era ancora uscito dallo stadio di barbarie.

Mentre ci allontaniamo – nella luce di un tramonto che avvampa con foschi riverberi da fucina – ci mancano aggettivi atti a designare il grottesco di chi pone a paro con siffatto abbominio lo splendore della nostra gente. Pensiamo piuttosto all'utilità che le zitellone inglesi e Mr. Eden trarrebbero da un *week end* trascorso in queste capanne al fine di poter pienamente conoscere quella felicità che essi intendono preservare intatta. Una tale missione vale bene la pena di affrontare qualche puntura della pulce penetrante o di una zecca portatrice di spirochete, se non addirittura il contagio della lebbra mutilante.

Ingredienti fondamentali, come ognun sa, della preistoria in atto di questa Etiopia che è così cara a Ginevra.

DOCUMENTI

I.COMANDO COLONNA "BROGLIA"

Saluto.

Miei fanti, carabinieri, bersaglieri e CC.NN. che avete avuto il privilegio di costituire la colonna nazionale che ha innalzato il sacro tricolore nostro sul colle sacro di Enda Jesus, nel momento un pò doloroso in cui la colonna si scioglie, io vi saluto commosso, fiero di avervi comandato nell'azione storica anche se incruenta: azione storica e di valore morale altissimo per la Nazione Nostra che vuole cancellate per sempre le date dolorose del 1859-96: allora governi inetti e pusillanimi terrorizzati da folle male educate, e tradite da disonesti capi-partiti al soldo straniero, resero sterile la gloria dei nostri predecessori e non seppero nè vollero realizzarla. Oggi nel clima ardente del fascismo rinnovatore, il Popolo d'Italia cosciente e pensoso più della Patria che di sè, unito in un fascio formidabile di volontà di menti e di cuori, stretti attorno al Duce Salvatore della Patria, vuole essere nel Mondo pari agli altri. E manda qui i suoi figli a vendicare il passato e a preparare un grande avvenire.

Noi privilegiati, abbiamo avuto la sorte di compiere questa seconda tappa, Macallè: lo spirito di Galliano è placato e aleggia protettore e animatore attorno a noi e alla Santa Bandiera che non verrà mai più ammainata, e legge fiero e soddisfatto nei nostri cuori la fede ardente che Lui spinse al grande sacrificio, ed esulta.

Siete stati tutti meravigliosi di ardore patrio, di spirito guerriero, di slancio, di disciplina. Vi ringrazio. Portate nei cuori il ricordo di queste storiche giornate vissute in letizia d'anime, e con tanta serietà d'intenti. Poche altre, nella vita, vi lasceranno tanta impronta e poche altre ricorderete commossi e orgogliosi fin negli anni più tardi. Vi saluto, o baldi camerati; a rivederci là sulle ardite guglie di Amba Alagi che si stagliano nette nel cielo, invito e promessa. Là chiameremo Toselli ed i suoi eroi e insieme a loro grideremo

Viva l'Italia

Viva il Re

Viva il Duce.

Prima di lasciarci rivolgiamo un saluto cordiale a S. E. Marinetti all'Onorevole Pace a Auro d'Alba e Guido Parenti e alla folta schiera di giornalisti che ci furono buoni compagni durante le tre giornate e ringraziarnoli per l'azione ànimatrice data dalla loro presenza e dalla loro parola.

A noi.

Il colonnello comandante la colonna f.to Enrico Broglia

II.COMANDO DELLA 2 DIVISIONE CC.NN.
"28 OTTOBRE"
SEZIONE 3

A.O. 4 Dicembre 1935 XIV

Ordine del giorno N. 72

Oggetto: Elogio alla Compagnia del Centurione Boschi sig. Ettore.

La Compagnia fucilieri del 125° Battaglione CC.NN. (116a Legione) al comando del Centurione Boschi posta a presidio del fortino 42 in corso di avanzata costruzione, attaccata di sorpresa questa notte da un audace nucleo di nemici, ha dimostrato solide qualità combattive fra cui la calma che proviene dal fermo carattere e dalla fiducia dei gregari nei loro ufficiali. Fu così possibile una disciplina di fuoco tanto sentita che l'impiego delle armi fu contenuto alle sole direttamente impegnate. La Compagnia rispondendo come un sol uomo al proprio comandante ha respinto l'attacco dell'avversario che dopo il primo urto aveva osato di aggirare e di penetrare in un fianco dell'opera e lo ha costretto alla fuga infliggendoli delle perdite.

Nel breve scontro un legionario rimaneva ferito alla gamba destra mentre un altro aveva il moschetto fracassato da un colpo di *Mauser*; infine tende di truppa o di ufficiali portavano ben visibili le tracce dei colpi nemici.

Nell'apprendere il magnifico risultato di questo primo scontro verificatosi sul fronte della nostra Divisione, il mio cuore di Comandante ha esultato di fierezza. Così io intendevo che fosse il comportamento delle CC.NN. al fuoco; sono lieto di non essermi sbagliato. Così sono certo che sarà quando nel nome della Patria lontana la "28 Ottobre" urterà nel barbaro nemico che abbiamo di fronte.

Elogio nel Centurione Boschi tutti gli ufficiali ed i legionari del 125° Battaglione; ed il Capo Manipolo Boncordo del II Battaglione Mitraglieri che trovavasi anch'egli di presidio nel fortino n. 42.

Tutti hanno saputo tenere ben alto l'onore della Divisione.

Il Generale Comandante Umberto Somma

III. DAL COMANDO DEL CORPO D'ARMATA ERITREO

AL COMANDO DELLA 2 DIVISIONE CC.NN. "28 OTTOBRE"

AL COMANDO DELLA 2 DIVISIONE ERITREA

20 Gennaio ore 2 –

ricevuto ore 5 del 20 - 1 - 1936 XIV

Trasmetto seguente marconigramma:

Per S. E. Pirzio Biroli alt. S. E. Mussolini ha espresso suo compiacimento concezione manovra et sua certezza risultato che decisa esecuzione saprà tradurre alt tanto comunico perchè sia noto at V. E. pensiero Capo del Governo alt La prego inviare soventi notizie alt Badoglio Pensiero Capo Governo sia incitamento 2ª Divisione Eritrea et premio per CC.NN. "28 Ottobre" et Corpo Armata Eritreo alt.

Generale Pirzio Biroli

p. c. c.

Il Ten. Col. D'Art. addetto

D. M. Seghetti

IV. COMANDO DELLA 2 DIVISIONE CC.NN.
"28 OTTOBRE"

Passo di Uarieu, 25 Gennaio 1935 XIV

Ordine del giorno N°.78

Alle truppe del passo di Uarieu

La lotta iniziata il 20 Gennaio coll'azione dimostrativa sui roccioni di Debra Amba, primo atto del combattimento del Mai Beles e della strenua difesa di Passo Uarieu, protrattasi sino a tutto il 24, ha avuto una tregua.

Il nemico di fronte alla vostra tenacia che nulla potè piegare si è ritirato dopo aver lasciato sul terreno non meno di 2000 morti fra cui alcuni temuti capi. Con tale risultato, al termine dello sforzo compiuto, possiamo con serena calma fare il nostro bilancio. Prova del vostro spirito combattivo e dall'alto senso del dovere da voi dimostrati è data dal numero dei nostri caduti, testimonianza che il sacrificio fu pari al valore. Ai 350 gloriosi morti del Mai Beles e di Passo Uarieu vada il riverente e commosso nostro saluto.

Dopo aver ricordato i fratelli caduti, il mio pensiero corre riconoscente a voi, o combattenti di Passo Uarieu! Vi ho visto alla prova del fuoco, vi ho seguito all'avanzata del Debra Amba, compiuta per agganciare l'avversario, poi all'ordine di ripiegare per meglio distrarre il nemico dal fronte della 2ª Divisione Eritrea, avete iniziato quello che fu il cruento cammino del dovere e del sacrificio.

E quando masse nemiche dieci volte superiori in numero tentarono di accerchiarvi, ho visto legionari ed ascari impegnarsi in una lotta senza quartiere, artiglieri che ultimate le munizioni sparate anche a zero, si difesero col moschetto, ho visto cappellani — come la nobile ed eroica figura del Padre Giuliani del I° Gruppo CC.NN. del l'Eritrea — fermi al loro posto di sublime apostolato al sopravanzare del feroce nemico.

Per questo conchiudo il bilancio morale della lotta col pieno riconoscimento delle vostre virtù di legionari e soldati.

Ufficiali e Gregari!

In uno dei momenti più gravi della difesa di Passo Uarieu, il giorno 23 gennaio, S.E. Badoglio mi fece pervenire a mezzo aereo queste parole:

"Vaccarisi è vicino. Coraggio mio Somma, resista ed avremo la vittoria. Le sue CC.NN. scrivono una pagina magnifica".

Alla risposta che a nome mio e vostro io inviai, posso aggiungere oggi un'altra parola: "Maresciallo Badoglio, la 28 Ottobre nel nome del Re e del Duce è pronta e salda al suo posto d'onore e difenderà fino all'estremo di ogni umana resistenza il Passo Uarieu tanto desiderato dal nemico".

Ufficiali e gregari, in alto i cuori e le armi per la gloria e la vittoria della grande Patria Fascista.

Saluto al Re! Saluto al Duce!

Il Generale Comandante

Umberto Somma

p.c.c

Il Capo di Stato Maggiore

Ten. Col. Di S. M.

L. Bonfatti

V.LA SCALATA DELL'UORK AMBA

(Narrazione dei protagonisti)

A. *Cima di Sud*

Tenente degli Alpini Rambaldi a Paolo Monelli nella *Gazzetta del Popolo* 11 marzo 1936 XIV:

"Io dovevo, la notte dal 26 al 27 febbraio, scalare con cinquanta alpini la parete, con obiettivo il torrione di sinistra, e un capomanipolo della Milizia doveva fare la stessa cosa con cinquanta Camice nere, con obiettivo il torrione di destra, distaccando una squadra che andasse a fare i conti col cannoncino (che stava nella sella tra i due torrioni).

Noi dovevamo metterci in marcia all'una di notte, quattro ore prima dell'azione generale, per giungere di sorpresa, nella notte, sull'Amba. Alle due e un quarto eravamo all'attacco della parete ed iniziavamo la scalata.

Avevo studiato il giorno prima la parete con il binocolo – mi dice il tenente scalatore – ed avevo notato un canalone che solcava la parete fin contro il torrione di sinistra, dal fondo giallo, uniforme. Pensai che, come succede nelle nostre Alpi, quel giallo fosse sabbione ed immaginai la salita facile; scelsi perciò quel canalone come via di salita. Quando vi arrivai di notte e mi c'infilai dentro, mi accorsi che quel giallo erano sterpi spinosi, liane alte un palmo sopra la testa: una fatica d'inferno andar su diritti per quell'intrico".

Bombe a mano e baionetta

"Gli uomini avevano i fucili a tracolla ed erano carichi di bombe; niente piccozze, avevamo le corde, ma non ce ne servimmo. Avevamo anche tre mitragliatrici leggere. I cinquanta erano tutti volontari del battaglione che avevo a sinistra, ma volontari non vuol dire niente, dovemmo scegliere noi fra i moltissimi che si erano offerti: cadorini, erano, e liguri e piemontesi del settimo, del terzo, del primo reggimento. Bè, ci cacciammo su per quell'impluvio colmo di spine; giunti a due terzi della salita, ci trovammo inchiodati su una parete diritta, rocciosa impossibile andar su o aggirarla.

La notte era oscurissima, senza luna, nemmeno la luce delle stelle arrivava fra quei torrioni di roccia. Non capisco come gli abissini non ci abbiano sentiti, quegli sterpi frusciavano alla maledetta. Per cercare un passaggio sulla paretina, a un certo momento ho dovuto anche accendere una lampadina.

Visto che non si passava, dovetti ordinare ai soldati di tornare indietro alla base della parete. Avevo notato, un giorno, studiando la parete, un altro canalone, a destra del primo, che portava ad antiquota del torrione che era la mia mèta, e che avevo scelto perchè puntava direttamente ed era molto scoperto. Mi misi su per quello, che ormai l'alba era vicina, ed arrivammo su in piena luce.

La parete non è una parete vera e propria, è un susseguirsi di torrioni diritti fra cui quelle spaccature o canaloni o impluvi vanno su con un certo pendio comodo. Verso la fine della scalata gli abissini si accorsero di noi e cominciarono a piovere pallottole, ma ormai eravamo all'antiquota dominata dalla fascia a picco del torrione e dominante, a sua volta, la larga sella col cannoncino. Sull'antiquota ce n'erano una ventina che ricacciammo subito con bombe a mano e baionetta; ma, un attimo, e l'Amba e la sella si coprirono di gente. Si udiva il suono del corno, poi due suoni distinti di corno, uno dalla parte della sella, uno sopra il costone alla mia sinistra; capii subito che i nemici cercavano di aggirarmi. Intanto rovesciavo giù bombe sulla sella, e credo di averla vuotata; l'Amba si vuotava della gente, restavano quelli sul costone che minacciavano di tagliarmi la strada da tergo.

Chissà cos'hanno creduto gli abissini, debbono avere pensato che fossimo centinaia, fatto sta che dall'Amba scapparono in un attimo.

Avevo avuto il sergente ucciso e dodici feriti, alcuni gravi, con parecchi buchi addosso perchè il primo, il secondo, non li avevano fermati. Mandati giù tutti i feriti, ordinai agli uomini di scendere uno ad uno per la via della salita, proteggendo la discesa con la sola arma che mi era rimasta in efficienza. Quando furono giù tutti, ci caricammo l'arma e scendemmo anche noi, ultimi tre. Là sotto un battaglione combatteva dalla mattina, e ci mettemmo anche noi con i nostri compagni".

B. *Cima di Nord*

Capo Manipolo della "28 Ottobre" Tito Polo, a Giovanni Artieri ne *Il Regime Fascista* 19 Marzo 1936 XIV.

"Viene fuori dai ranghi allora un giovanotto biondastro, dalla testa rapata, occhi chiari, un tipo biondo e pacifico da escursionista domenicale che pare capitato nel Tembien per un capriccio della sorte. Uno che evidentemente non si meraviglia di nulla al mondo e che trova tutto normale senza particolare interesse. Gli sembra consueto come andare la mattina all'ufficio poter scalare l'Amba Uork di notte, passare fra i nemici, montare in cima, rovesciare da basso quelli che sono lì e, una volta raggiunta la cresta, piazzare le mitragliatrici e tener duro. Questo è il capo manipolo Tito Polo, comandante il plotone dei rocciatori della "28 Ottobre", uno strano plotone di fortuna che in un certo gergo della montagna delle parti di Ghiffa si chiamano "sfrosatori".

– Gli abissini? – Non saranno mica più intelligenti degli altri. Poi è gente che di notte dorme e noi lavoriamo di notte".

Polo ha riunito questi tipi; sono 60, più 20 ascari. Alle 11 di sera sono giunti nel Fortino Valcarenghi, ai piedi della montagna… All'1.30 del mattino partono nel buio. Sono trenta del 114° Battaglione seguiti da 25 eritrei del XII Battaglione. Portano tre mitragliatrici pesanti con 4.500 proiettili, moschetti con 7.200 proiettili e 300 bombe a mano. Un telo segnalatore a lampo di colore, una lievissima provvista di acqua e di viveri. Tutto a spalla. Niente pedule da roccia, qualche corda, nessun chiodo da parete.

Polo ha studiato lungamente da dieci giorni la via. Ha passato ore ed ore a guardare nel binoccolo gli ingannevoli passi, le crepature della roccia, i salti del terreno. Ha stabilito due punti di attestamento: un certo albero che viene fuori dalla montagna come un dito frondoso. Non sa se ci saranno o non ci saranno gli abissini, ma per il momento egli si interessa dell'Uork Amba solo come un alpinista che voglia scegliere una "via direttissima" fra il basso e la cima.

Press'a poco alla luce del sole ha stabilito l'itinerario, lo ha fissato anche in tanti puntini della penna su una fotografia della montagna, ma al buio, in questo buio abissino impenetrabile come...

Ma nella notte del 27, a destra e a sinistra gli abissini oggi distorti nelle più strane forme della morte erano ben vivi e armati. Passano nel primo posto nemico. Dormono tutti accanto ai fuochi velati di cenere. Passano nel secondo posto. Sono giunti ormai. Un colpo di tosse può uccidere 85 uomini. E poco oltre l'albero, a una decina di metri dalle scolte, una Camicia nera si butta a terra, ficca il volto nella sabbia e rantola. Non è nulla. Ha tossito infatti.

I più vicini si guardano in faccia e sorridono muti. Sono in cammino da quanto tempo? Polo aveva calcolato di impiegare due ore e mezza. Sono le 4.30 e non si vede ancora l'ultimo muraglione. Il buio disperde ogni nozione del tempo. Quanto hanno camminato? Sono fuori strada? Ci vuole l'orologio. Tra due elmetti un rapido balenare di lampada elettrica. Sono già tre ore di marcia. Si fissano gli occhi nelle tenebre per scorgere qualche profilo della strana rotta notturna. Ma una nuova possibilità è intervenuta: quella del terreno. Tastando con le mani riconoscono polvere e pomice o roccia come ciechi individuano il cammino. A questo punto è bene precisare che la scalata della Uork Amba è diventata angosciosa solo nelle ultime ore. Il silenzio assoluto – il silenzio che è una specie di particolare disciplina fra i legionari della "28 Ottobre" – l'oscurità completa e una buona sorte miracolosa hanno fatto passare ottantacinque uomini tra le linee abissine senza colpo ferire. I rocciatori potevano pugnalare silenziosamente le sentinelle nemiche addormentate: non lo hanno fatto. Nobile repugnanza di combattenti.

Sono arrivati all'ultima fase. La cima di nord è arrotondata come una testa calva. Il terreno è inattaccabile, franoso e secco. Tenta Polo da solo. Cerca qualche appiglio fino a un tronco solitario che sporge. Arriva, passa una corda e assicura il passo della prima mitragliatrice. Lo seguono Murati, Cecchini, Varisco, Caccia, Merga. Sul ciglio vi è un leggero muretto.

Qualcheduno vi pone mano e rotola insieme ai sassi. Allarme. Si sente un concerto di urli, suonano corni, sparano fucili. Scoperti. Vi è un posto a 30 metri e nessuno lo aveva visto. Gli amhara strillano ma di lassù Polo e gli altri hanno già aperto, il fuoco. Sono le 6.5 del mattino. Cinquantanove uomini montano in vetta, gli altri seguono combattendo. Tre ascari venuti coi primi cominciano a interpretare le urla. I nostri danno mano alle bombe perchè i soldati di Bejenè annidati sotto il costone ovest tentano di venire su. Evidentemente le bombe sono sconosciute a questi guerrieri poichè si odono gridare: "Gli italiani con cannoni in mano sono piombati dal cielo".

Muore il capo-squadra Lanfranconi mentre è intento a piazzare una mitragliatrice verso la cima opposta. Una palla gli porta via gli occhiali, un'altra spezza il moschetto e poi lo atterra. È già giorno chiaro. Polo segnala con la bandiera al lampo di colore al comando della Divisione: "Sono in cima. Ho bisogno solo di acqua e munizioni". Per il resto della giornata combatte dodici ore esatte. Sulla pianura di Cacciamò, la riva del Beles e del Tonquà, la grande manovra di Badoglio si può adesso spiegare in tutta la sua potenza.

VI.COMANDO DEL CORPO D'ARMATA ERITREO

UFFICIO INF. – OPERAZIONI

N. 566 DI PROT. OP.   DARAN, 3 MARZO 1936 - XIV

Al Comando della 2ª Divisione CC.NN.

Al Comando del 1° Gruppo Btg. CC.NN. d'Eritrea
Al Comando del IV Gruppo Btg. Eritrei
Al Comando del VII Battaglione Alpini

Oggetto: Elogio.

Fra le tenaci azioni del giorno 27 emerge quella degli scalatori dell'imponente ed impervia Uorc Amba.

La rapida, decisa, perfetta loro azione di sorpresa ha iniziato la serie dei successi influendo efficacemente sull'ulteriore andamento delle operazioni.

A tutti gli scalatori e ai loro ufficiali rivolgo il mio caloroso elogio.

Al Comandante della 2ª divisione CC.NN. che con passione e perizia ha studiato e preparato l'ardimentosa impresa, il mio vivissimo e caloroso elogio.

Il Generale di Corpo d'Armata

Comandante

F.to A. Pirzio Biroli

VII.ELENCO DEI VILLAGGI E DELLE PARROCCHIE CHE SI SONO PRESENTATI A FAR ATTO DI SOTTOMISSIONE AD ABBI ADDI AL COMANDO DELLA 2ᴬ DIVISIONE CC.NN. "28 OTTOBRE"

1 Marzo

Addi Telacò

Begà Enda Sion Metacà (Enda Jesus)

2 Marzo

Begà (Ambarà)

Addi Avergallè Addi Salem

Addi Techerà Caira Ambisseroà (Ambarà)

3 Marzo

Enda Abuna Libanos Ambarà

Enda Micael Dembelà

Chidane lMeret Babiel (Tzetzerà)

E. Micael Selaluà (Tzetzerà)

Enda Cercos Mengì (Debra Ansà)

Addi Colqual (Debra Ansà)

Addi Astà (Debra Ansà)

Edghib (Metecà)

Ambarà Mariam Admel

Ad Zelaco Ambarà

Guià Ambarà

Ambarà Mariam Tambà

Doranà Guià Ambarà

Enda Ghiorghis Tzetzerà

Debra Sebat

Addi Cilò

Zeban Ghembel Abbiahò

Melahmè

Enda Micael Menderarfà Addi Cascì

Dill Tzighè

4 Marzo

Da Ciccà Cic Chè

Buosè

Enda Mariam Cacmelà (Metecà)

E. Ghiorghis Sematan

Enda Mariam Mai Sebelà

Cuanquè (Ambarà)

Enda Ghiorghis Atzerà (Metecà)

Gororò (Metecà) Scirnaruà (Metecà)

Addi Bascil (Metecà) Baraucbiè (Metecà)

Dam Senierà (Ambarà)

Enda Micael Tzeberech (Ambarà)

Canilà

Uotellaquò

Cimatè Metecà

Dighit Ambarà

Uogoro e Cuinarbà Ena Iohannis (Tzetzerà)

Feroquà (Ambarà)

5 Marzo

Enda Ghiorghis Tilsà Mettè (Ambarà)

Mariam Coizelà Agafari (Ambarà)

Enda Abba Iohannis (Debra Ansà)

Enda Micael Uotec (Debra Ansà)

Addi Corberà (Metecà)

6 Marzo

Enda Micael Addi Alamot

Tzadà Seraù

Addi Acquobi

Habti Cahà

Mai Gundì

Mariam Buocià (Avergallè)

7 Marzo

Ascialacò

Mariam Nemarè

Cembrarò (Tzetzerà)

Contarbà (Tzetzerà)

Cahà (Tzetzerà)

Adrucò

Mariam Adrucò

Sechet

Addi Alemot (Metecà)

Addi Corberà (Metecà)

Muzarè (Metecà)

Haimò (Metecà)

Enda Abba Nou (Tzetzerà)

Dighit Ambirà

Logoro e Cuinarbà Ena Iohannis (Tzetzerà)

Feroquà (Ambarà)

8 Marzo

Zegheluà Enda Micael (Avergallè)

Zegheluà Culì (Avergallè)

Addi Cailà (Avergallè)

Nouì (Metecà)

Tacarà Cairà (roccioni Debra Ambà)

Addauliè Ambarà

Scefenà Addi Semen – Addi Melalè

Cahà Enda Arbatè Sessà

Tonquà (Abbi Addi)

Addi Avergallè (Abbi Addi)

9 Marzo

Bambà Ambarà

Rubà Casè Ambarà

Binetzà (Tonquà)

10 Marzo

Addì Serarfà (Avergallè)

Addi Fertatà (Avergallè)

Addi Seroà (Avergallè) – Melfà

Barlahò (Avergallè – confluenza Ghevà Tacazzè)

Abbi Addi

12 Marzo

Ciamahò (Metecà)

Addi Tzelci (lvletecà)

Enda Mariam Sobuè (Avergallè)

2ª DIVISIONE CC. NN.

COMANDO

Perdite complessive subite dai Reparti di Passo Uarieu dal 20 al 24 gennaio

REPARTI	MORTI E DISPERSI			FERITI		
	Ufficiali	Truppa		Ufficiali	Truppa	
		Naz.	Eritrei		Naz.	Eritrei
1° Gruppo Btg. cc. nn. d'Eritrea	15	148	—	9	119	—
6° Gruppo Autocarrellato	—	1	1	—	1	3
12° Battaglione Eritrei	3	—	53[a]	1	—	47
180ª Legione CC. NN.	—	8	—	2	20	—
2° Gruppo Cannoni da 65/17	1	11	—	—	4	—
2° Battaglione Mitraglieri	2	85	—	3	42	—
2ª Comp. Speciale Genio	—	1	—	—	1	—
Quartier Gener. 2ª Div.CC. NN.	—	—	—	—	4	—
CC. RR. 2ª Divisione CC. NN.	—	—	—	—	3	—
Totali	21	253	54	15	194	50
		328			259	
			587[aa]			

[a] Dati prima per 89; ma ne rientrano 36, subito dopo alle posizioni di Addì Zubaha.
[aa] Oltre un ufficiale ferito e due cc. nn. morte e 6 ferite nell'imboscata del Cacciamò e nel combattimento di Abbà Salamà (colonna Buttà).

Perdite complessive subite nei combattimenti di Uork Amba
e Debra Amba del 27-29 febbraio

REPARTI	TRUPPE NAZIONALI				ERITREI	
	Caduti		Feriti		Caduti	Feriti
	Uff.	Truppa	Uff.	Truppa		
REPARTI DELLA 2ª DIVISIONE CC. NN.						
« 28 Ottobre »						
114ª Legione CC. NN.	3	48	5	74	—	—
116ª Legione CC. NN.	—	1	—	—	—	—
180ª Legione CC. NN.	—	8	3	32	—	—
2° Battaglione Mitraglieri P.	—	4	—	14	—	—
2° Gruppo Cannoni	1	4	1	2	—	—
2ª Sezione Sanità	—	1	—	1	—	—
312ª Sezione RR. CC.	—	—	—	1	—	—
GRUPPO BATTAGLIONI NAZIONALI						
1° Battaglione Granatieri	—	2	—	8	—	—
11° Battaglione Alpini	—	1	—	6	—	—
IV Gruppo Eritreo	—	—	5	2	28	56
7° Gruppo Autocarrell.	—	1	—	1	—	—
Totali	4	70	14	141	28	56
			313			

GENEALOGIA DEL CASATO DI RE GIOVANNI

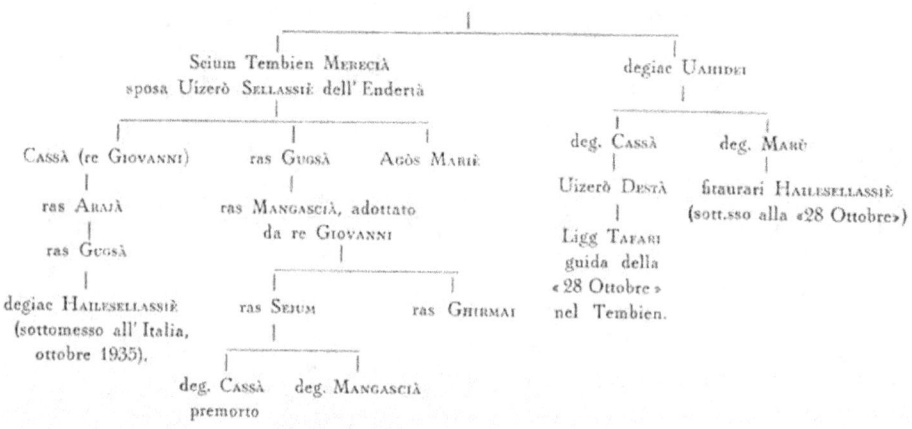

Scium Tembien Uoldechidàn

Scium Tembien Merecià
sposa Uizerò Sellassiè dell' Endertà

degiac Uahidei

Cassà (re Giovanni)   ras Gugsà   Agòs Mariè

deg. Cassà   deg. Marù

ras Arajà

ras Mangascià, adottato
da re Giovanni

Uizerò Destà   fitaurari Hailesellassiè
(sott.sso alla «28 Ottobre»)

ras Gugsà

Ligg Tafari
guida della
« 28 Ottobre »
nel Tembien.

degiac Hailesellassiè
(sottomesso all' Italia,
ottobre 1935).

ras Sejum   ras Ghirmai

deg. Cassà   deg. Mangascià
premorto

CRONOLOGIA

1934

3 novembre - Truppe abissine arrivano a Ual Ual, nell'Ogaden.

5 novembre - Assalto al Regio consolato italiano di Gondar.

5 dicembre - Gli abissini attaccano i pozzi di Ual Ual venendo respinti dai dubat.

15 dicembre - L'Etiopia si rivolge alla Società delle Nazioni per risolvere la controversia sorta con l'Italia circa la responsabilità per i fatti di Ual Ual.

L'arbitrato sarà favorevole agli italiani.

1935

3 gennaio - Il governo abissino chiede l'applicazione dell'articolo 11 del *Covenant* (patto istitutivo della Società delle Nazioni) per i fatti di Ual Ual.

4-7 gennaio - Colloqui Mussolini-Laval.

23 febbraio - Il primo contingente di truppe italiano diretto in Africa Orientale parte da Messina.

7 marzo - Rodolfo Graziani viene nominato governatore della Somalia.

23 marzo - Emilio De Bono viene nominato comandante delle truppe italiane in Africa Orientale.

20 settembre - La *Home Fleet* entra nel Mediterraneo.

28 novembre - Haile Selassiè ordina la mobilitazione generale.

2 ottobre - Mussolini parla da Palazzo Venezia annunziando la mobilitazione generale.

3 ottobre - Alle ore 5 del mattino gli italiani varcano il fiume Mareb, confine tra la colonia Eritrea e l'impero abissino.

4 ottobre - Occupazione di Adigrat, Amba Birkcuam in Etiopia e Gorrahei in Somalia.

6 ottobre - Gli italiani entrano in Adua.

10 ottobre - Il degiasmacc Haile Selassiè Gugsà, Scium del Tigrai e il degiacc Cassa Azaià si sottomettono agli italiani.

10-11 ottobre - La Società delle Nazioni decide di applicare le sanzioni economiche contro l'Italia. Entreranno in vigore il 18 novembre.

15 ottobre - Gli italiani occupano Axum, antica capitale etiopica.

19 ottobre - Proclama del generale De Bono in cui si stabilisce l'abolizio-ne della schiavitù nei territori occupati dagli italiani e la liberazione degli schiavi.

18-26 ottobre - Visita in Africa Orientale del Maresciallo Badoglio e del sottosegretario alle Colonie Lessona.

7 novembre - Fronte sud. Graziani occupa Gorrahei.

8 novembre - Gli italiani conquistano Macallè.

16 novembre - Badoglio sostituisce De Bono quale comandante superiore dell'Africa Orientale, e sbarca a Massaua il 28 novembre.

De Bono, promosso Maresciallo d'Italia rientra in patria.

Gli italiani conquistano Selaclacà.

18 novembre - Il Corpo d'Armata eritreo inizia l'occupazione del Tembien. Conquista del passo Abarò e combattimento dell'Amba Bethlem. Entrano in vigore le sanzioni contro l'Italia.

6 dicembre - Il Corpo d'Armata eritreo occupa Abbi Addi, capitale del Tembien. Scontro sul torrente Sahat.

15-17 dicembre - Gli etiopici attaccano il guado di Mai Timchet. Scontri di Dembeguinà tra abissini e truppe irregolari eritree. Il gruppo bande dell'Altopiano, attaccato dalle truppe di ras Immirù, subisce forti perdite.

18 dicembre - "Giornata della fede". Le donne italiane donano le proprie fedi nuziali; la regina Elena offre sull'Altare della Patria la fede sua e del re.

22 dicembre - Una forte colonna etiopica attacca le linee italiane a sud di Abbi Addi. Primo uso dei gas da parte della Regia Aeronautica sul Mai Tonquà.

24-26 dicembre - Puntata offensiva italiana contro le truppe di ras Immirù ad Af Gagà (*battaglia di Natale*).

26 dicembre - A Uarieu congiunzione tra le truppe eritree e le truppe vittoriose ad Abbi Addi.

29 dicembre - Il sultano Olol Dinle, alleato dell'Italia, attacca gli etiopici a Gollè.

31 dicembre - Fronte sud: occupazione di Dinane.

1936

12-16 gennaio - Graziani sconfigge ras Destà nella battaglia di Ganale Doria e sul Daua Parma.

18 gennaio - Graziani occupa Filtù.

20 gennaio - Graziani occupa Neghelli. Inizio dell'avanzata italiana nel Tembien.

21 gennaio - Ras Cassa attacca la colonna Diamanti a Mai Beles. Inizia l'assedio di passo Uarieu. Gli ascari conquistano monte Lata e Zeban Kerkatà.

22-23 gennaio - Continua l'assedio del forte di passo Uarieu.

24 gennaio - Alle otto del mattino la 2ª divisione eritrea si ricongiunge con la divisione *28 Ottobre*.

Ritirata di ras Cassa.

10-15 febbraio - Battaglia dell'Endertà contro l'armata di Ras Mulughietà.

Le truppe di Badoglio conquistano l'Amba Aradam.

13 febbraio - Eccidio del cantiere n.1 della Gondrad a Mai Lahlà ad opera del fitaurari Tesfai. Sessantotto tecnici ed operai civili italiani uccisi e mutilati.

27-29 febbraio - Seconda battaglia del Tembien. Disfatta di ras Cassa.

28 febbraio - Il I Corpo d'Armata conquista il massiccio dell'Amba Alagi.

29 febbraio-2 marzo - Battaglia dello Scirè; sconfitta di ras Immirù. Camicie Nere ed Alpini conquistano la Uork Amba.

9 marzo - Starace alla testa della colonna celere autonoma marcia su Gondar.

31 marzo - Battaglia di Mai Ceu o del Lago Ascianghi. Dopo dodici ore di combattimento, la Guardia Imperiale del negus è sconfitta.

5-24 aprile - Conquista di Dessiè ad opera del Corpo d'Armata eritreo. Occupazione della zona del lago Tana ad opera della colonna Starace.

28 aprile - Marcia su Addis Abeba.

30 aprile - Graziani conquista Dagabur.

2 maggio - Haile Selassiè fugge dall'Etiopia.

5 maggio - Badoglio entra in Addis Abeba.

6-8 maggio - Graziani conquista Giggiga, Harar e Dire Daua.

9 maggio - il Duce proclama l'impero. Vittorio Emanuele III assume il titolo di imperatore d'Etiopia.

10 maggio - Le truppe di Badoglio e di Graziani s'incontrano a Dire Daua.

15 maggio - La Società delle Nazioni decreta la revoca delle sanzioni contro l'Italia.

8 luglio - La *Home Fleet* si ritira dal Mediterraneo. Mussolini annuncia il ritiro delle truppe inviate in Libia.

MAPPE

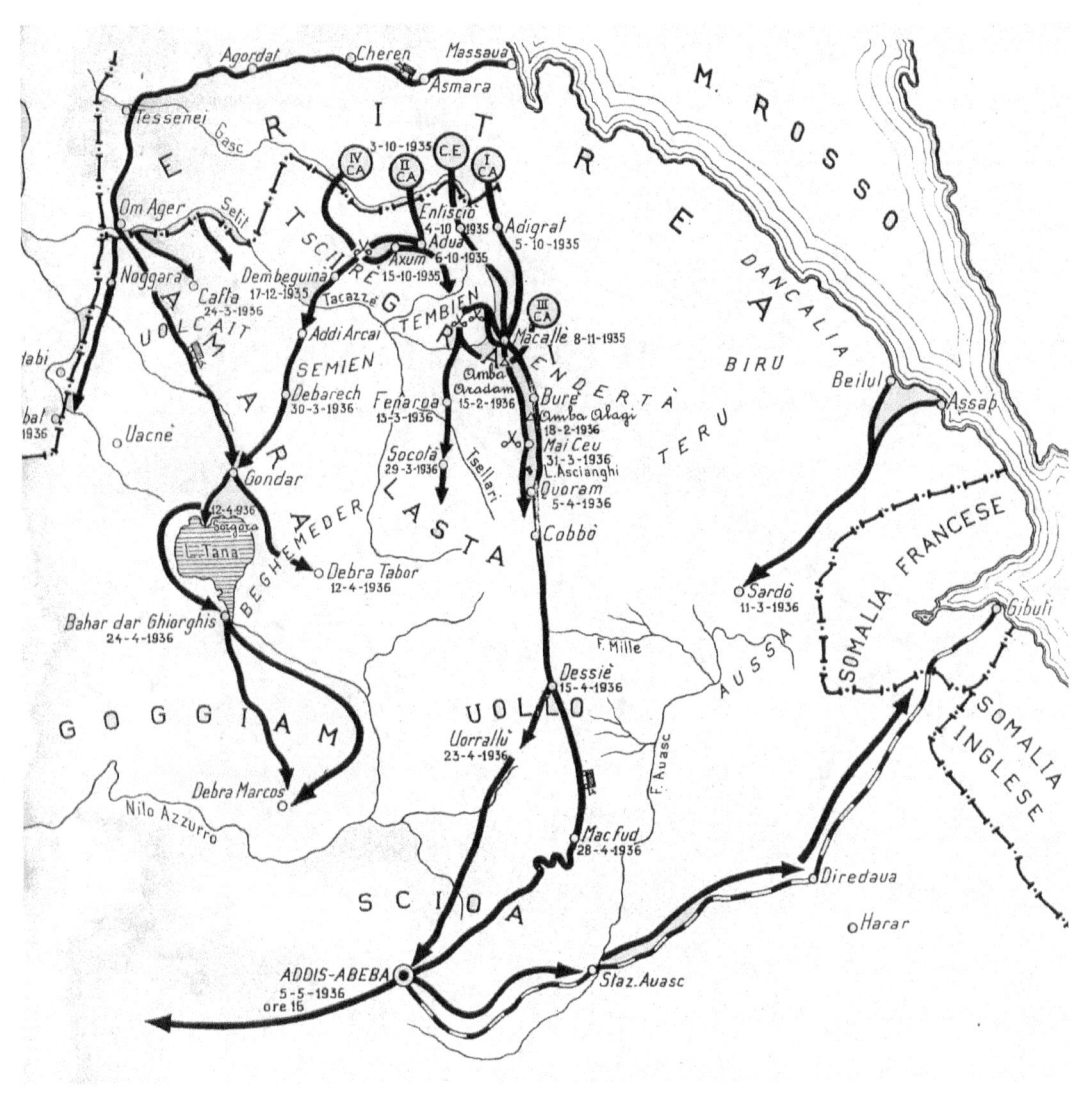

3 ottobre 1935 – 5 maggio 1936: direttrici di marcia delle colonne sul fronte nord

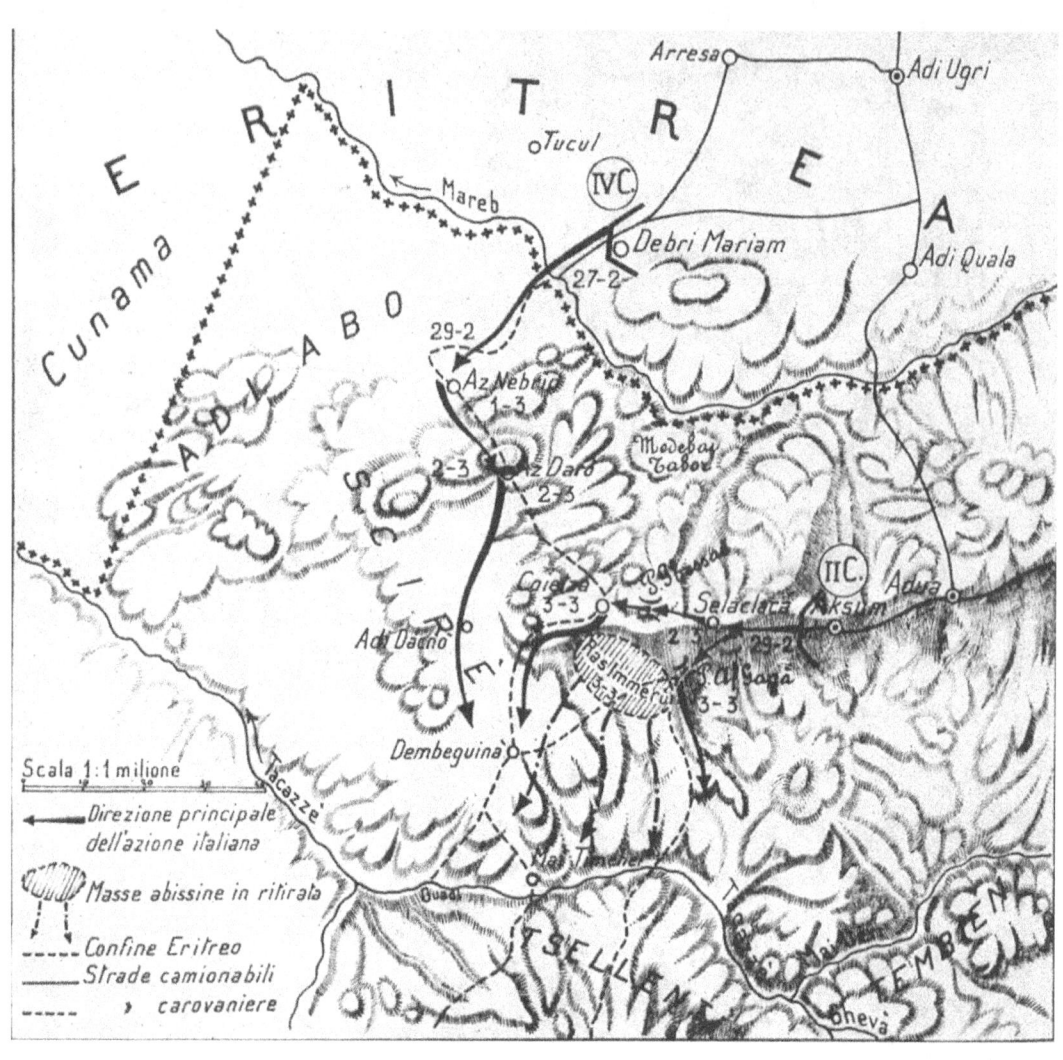

Le operazioni nel Tembien

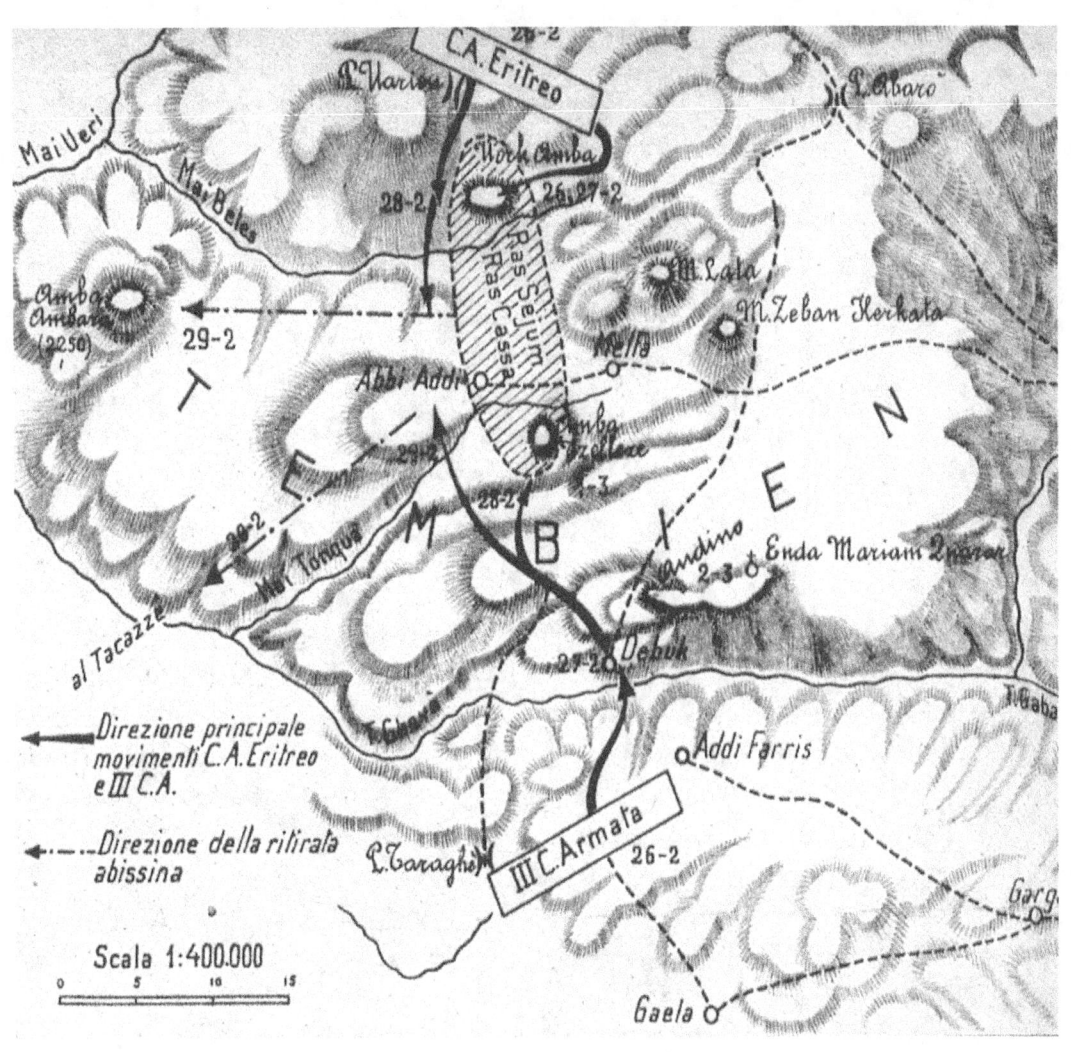

Le operazioni nel Tembien

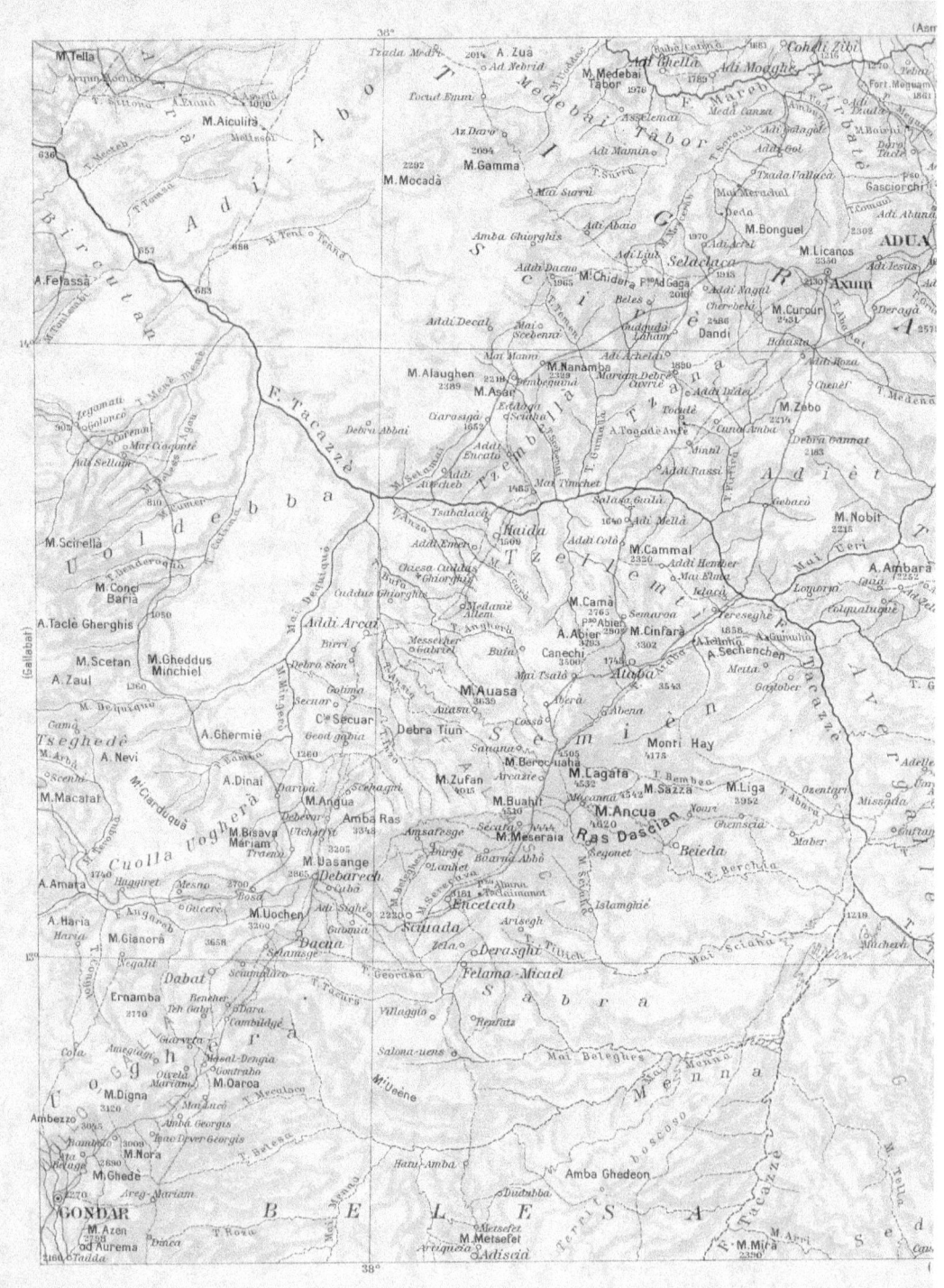

Cartina dell'Etiopia tra Adua e Gondar

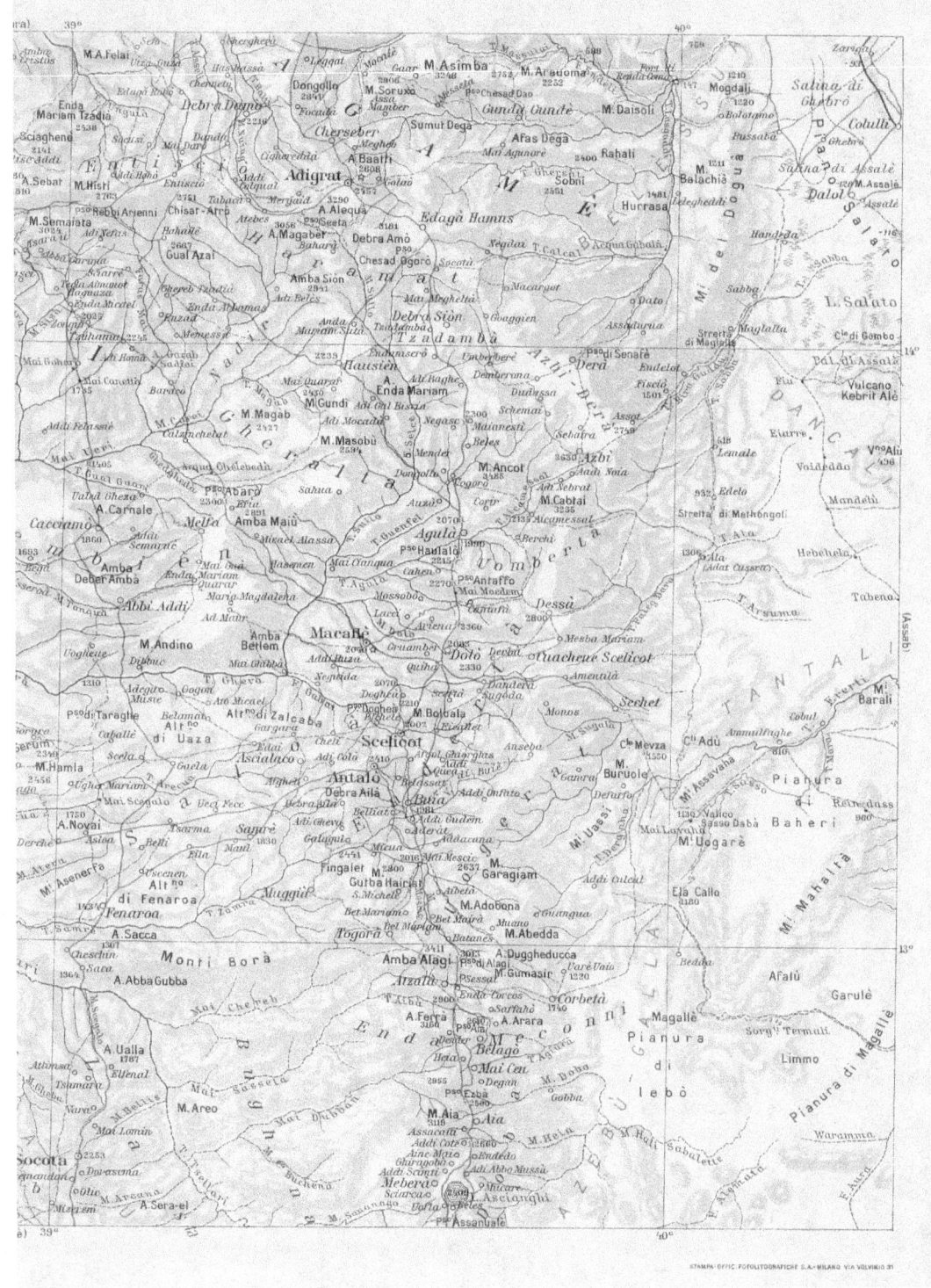

Al centro la regione del Tembien

www.ingramcontent.com/pod-product-compliance
Lightning Source LLC
Chambersburg PA
CBHW081659120626
46550CB00010B/2953